臺灣選戰

蔡輝振 著

天空數位圖書出版

臺灣選戰

目　錄

自　序

　　本書為《政論文學・論戰系列（臺灣選戰、兩岸論戰、國際驅戰）》之創作，以《臺灣選戰》為名，乃基於臺灣人民的民主素養普遍不足，感性大過於理性，容易意氣用事，並有盲目偶像崇拜的現象，以致不能理性的明辨是非，看待事情，政客並利用臺灣人這種善良、感性的性格而加以操弄，導致社會紛紛擾擾，不可終日的惡質文化層出不窮，尤其是政黨惡鬥，操弄省籍情節，兩岸對立，更讓臺灣停滯不前，人民生活困難，並為兩岸情勢緊張瀕臨戰火而終日惶惶。

　　臺灣社會，是由移民的人口所構成，原住民僅50幾萬人而已，絕大部分的閩南與客家族群是從福建、廣東一帶陸續移民而來，以及公元1949年追隨國民政府來臺的外省族群，由這四大族群所構成臺灣多元的社會（不包含新住民族群）。臺灣真正的主人是原住民，由於他們弱勢，被移民過來的閩南與客家族群趕到山上去，並鳩佔雀巢的以主人自居，排斥晚來的外省族群。雖說省籍情結的產生，乃因二二八事件，但事情已發生，只能往前看，才有幸福可言，仇恨只會讓社會更加動盪。所以，凡是挑起省籍情結，破壞社會和諧者，都應該受到譴責。

臺灣相對於大陸就顯得渺小，但我們雖渺小也要有

尊嚴的活著，不能
任由欺凌；但也不
能意氣用事，或為
勝選而操弄兩岸對
立，把無辜的百姓
推向瀕臨戰火的邊
沿而終日惶惶。臺
灣想要發展，經濟

臺灣二二八事件，在圓環緝菸事件
後包圍臺灣省專賣局臺北分局的抗
議群眾；圖片來源：《維基百科》

想要繁榮，必先處理好兩岸關係，人民才有幸福的可能。
因此，臺灣需要一個有智慧的領導人，能帶領我們走向
兩岸和平共存，走向人民幸福之路。所以，凡是挑起兩
岸對立，破壞兩岸和諧者，也都應該受到譴責。

要杜絕臺灣選舉的惡質文化，需要全民民主素養的
提升，臺灣才能邁進成熟的民主社會。候選人溫和理性
的問政，選民明辨是非的知人善任，選賢與能，如此便
能產生一個良性的互動關係，民主政治會越來越好。簡
言之，當候選人操弄省籍情節，兩岸對立等而得不到選
票時，臺灣選舉的惡質文化，自然銷聲匿跡。

筆者以論戰方式，企圖從各種不同的角度，提出看
法，不管是筆戰、口戰、選戰，或是武戰，皆在讓我們
能從中思索，以求尋得一條康莊大道，不僅是人民的幸
福、國家的未來，更是我們對歷史負責的態度。本書為

求完整呈現臺灣的選舉文化，以供參考，故從臺灣選舉之歷史回顧談起、臺灣選舉之惡質文化、臺灣選舉之民主素養、臺灣選舉之區域劃分，以至臺灣選舉之理想戰略，加上結論等計六個單元。本書雖有六個單元，然可觀者僅臺灣選舉之惡質文化、民主素養，以及理想戰略等三單元而已。其中，本書所舉案例，以隨機網路搜尋順序所得，絕無刻意針對政黨或候選人來做選擇，而且以該案例對選舉產生影響為主，不論當事者的動機，只依事件來源做介紹報導而已。

筆者當然也知道，儘管再多的奔走與呼籲，也難撼動一間鐵屋子，縱能如魯迅所說：「假如一間鐵屋子，是絕無窗戶而萬難破毀的，裡面有許多熟睡的人們，不久都要悶死了，然而是從昏睡入死滅，並不感到就死的悲哀。現在你大嚷起來，驚起了較為清醒的幾個人，使這不幸的少數者來受無可挽救的臨終的苦

魯迅先生
圖片來源：《維基百科》

楚，你倒以為對得起他們麼？」卻也是清醒者的悲哀。最後，只能寄望於「然而幾個人既然起來，你不能說絕沒有毀壞這鐵屋的希望。」那麼一絲微小的希望火花。

本書之因緣，起於每當選舉季節來臨時，臺灣的天

空總是灰灰，政客的嘴臉總是牽動百姓的神經，社會更不得安寧，我難免會表達一下意見，然我內人說：「不投票的人，沒資格批評。」於是我閉了嘴。電視上的名嘴，也總是口無遮攔大放厥詞，讓我覺得他們把人民當作白痴耍得團團轉，氣得想把電視砸掉，然我內人說：「不投票的人，沒資格生氣。」於是我也不再看政論節目，但我憋著實在難受，於是找年輕的晚輩訴訴我的憂患，卻遭當面嗆回！我內人常勸我要當個好國民，雖然都是爛蘋果，但總是有比較不爛的蘋果。偏偏我是完美主義者，不是好蘋果我不願意選，更何況這是我人生的第一次，我不願意就這樣被糟蹋。這一生，我這一票如果投不出去，固然是我的遺憾，卻也是國家的悲哀。

龐建國先生；圖片來源：《立法院》

雖是如此，然而臺灣是我的家，家沒了如何談安身立命，我表面對政治雖是冷漠，實則憂心忡忡。龐建國學習了屈原，把他「不公不義的臺灣，我生不如死！」的憂心，化為偉大的情操，以身殉國。然而，一條人命，竟激不起一絲絲漣漪，就如黃春明的小說〈溺死一隻老貓〉一樣，

清殿本屈原像；圖片來源：《維基百科》

死了就算，沒人反省，也沒人會在意，徒增家人哀傷而已；身在目前的臺灣社會，還真是悲哀！我沒有屈原的偉大，也沒有龐建國的情操，但牢騷總是要發發，這便是本書的由來，並藉此牢騷告訴我的同胞，如何建立一個理想的民主社會，為人民帶來幸福的人生。

有一件事，我覺得應該要趁此交代，2020年鴻海創辦人郭台銘先生有意角逐總統時，我很高興這一票終於可以投出去，並認為就目前而言，唯有他才能帶臺灣走向幸福。不知是日有所思，夜有所夢，或是真的〝關帝聖君〞關老爺託夢，也許我是〝中華關聖文化世界弘揚協會〞及〝社團法人中華桃園明聖經推廣學會〞

郭台銘先生：圖片來源：《維基百科》

發起人，又是國立大學的學者，較有說服力，我不知道。關老爺託夢要我轉達郭台銘競選總統，一定會當選並能帶臺灣走出困境。我雖是文學博士，但我是理工出身，一切講究科學依據，向來不信亂力怪神，更何況我是一名學者，把信仰的東西當作真實，這豈不是很荒謬，我自然認為是日有所思，夜有所夢。過幾天我的心總是不安，如果是真的，那豈不是誤了郭董，誤了臺灣芸芸眾生，我便成了罪人，為讓自己能安心，並認為天下事無

奇不有，但我不能做出有損學者顏面之事，更何況郭董也不會相信，因世間騙子實在太多了。

於是，我想到一個兩全其美的方法，寫了一篇策論，題為〈2020總統候選人宣言〉，用快遞寄給他位於新北市新店區的永齡健康基金會，快遞收據如右圖。如果郭董不理會或沒收到，那代表關老爺託夢之事是我日有所思，夜有所夢；如果郭董召見，那代表關老爺有靈，既不會有損學者的顏面，也可以印證信仰上的真偽。我特別上〝中華郵政全球資訊網〞查看，信息為〝投遞成功〞，幾天後沒有郭董回復的消息，我便再去查看，所有信息皆被刪除，因而確認是我想太多，還好沒鬧出笑話。〈2020總統候選人宣言〉的全文如下：

快捷郵件執據

第 958697 640000 50 23100 5 號

寄達地： 新北市新店區 231
寄件人電話： 0921-273903
類　別：　　　　一般快捷
重　量：　　　　53 公克
郵　費：　　　　120.0 元
尺　寸：　　　　一般
營業郵資券：　　120.0 元

108.09.12-14
甲1

經辦員：劉淑敏

內裝物品：文件

請注意：

1、國內掛號函件全部遺失或被竊，國內包裹及快捷郵件全部或部份遺失、被竊或毀損，依法得予補償者：掛號函件每件 575元，包裹及快捷郵件每件最低 575元，最高1155元。

2、貴重物品及重要文件請按報值或保價交寄。報值或保價郵件遇有遺失、被竊或毀損應予補償時，按所報或所保價值之全部或一部予以補償，報值最高不逾 5萬元，保價最高不逾10萬元。

3、日後如須查詢，應於交寄日起6個月內為之，並交驗本執據。

4、如須索取購票品證明單者，請當場申請，事後不予補證。

5、郵件不得裝取危險或禁寄物品，違反規定者將遭內政部航警局科以2萬-10萬元罰鍰。

6、印刷物、新聞紙、雜誌、小包、包裹等郵件退回或改寄者，應另付資費。

7、郵遞時效請參閱中華郵政全球資訊網／查詢專區之說明。

客服專線0800-700365
www.post.gov.tw

郵件查詢

快遞收據

9

2020總統候選人宣言

一、宣布參選的演說：

敬愛的主人們：大家好！（國語）、大家好！（閩南語）、大家好！（客語）、大家好！（原住民語）。

國父孫中山先生，以人民是主人，政府是僕人的理念，創立中華民國。如果我有幸，能為大家服務，我將傳承國父的理念，為主人們打拼。今天，我要向你們報告，我為何要參選的心路歷程。

我是一個忠貞的國民黨黨員，尤其是我母親的關係，我更不可能背叛國民黨，雖然黨內總統候選人初選，對我是極為不公平，但我還是認了，當時我不願簽署黨內候選人間的協議，純粹是氣憤初選不公，從沒想過背叛國民黨。

國民黨過去的傳統，代表國民黨競選總統一定是黨主席，從沒有例外過。吳主席為何願意犧牲小我完成大我，並在宣布放棄角逐2020總統時，特別強調重返執政是國民黨〝唯一的目標〞，因他知道2020總統選舉是國民黨的生死存亡，不能因一己之私，將國父的百年基業毀於一旦，所以他放棄並尋找黨內最強的人出來角逐，這種以大局為重的心胸，讓人不得不佩服。

　　親愛的黨內同志們！你們理性、冷靜地想一想，蔡英文政府是如何的想盡辦法要消滅國民黨，擁有絕對多數支持國民黨的軍公教們，蔡英文砍你們的年金，是刀刀見骨，慘不忍睹，還讓你們背上軍人為米蟲、公教吃垮國家的財政等污名，如果輸了2020總統的選舉，國民黨還有立足之地嗎？污名還有洗刷的一天嗎？因此2020總統的選舉，國民黨一定要贏，這是吳主席的期待，也是你我的共識，我們並沒有分歧，走在同樣的道路上。

　　今日，我之所以宣布參選，雖然在這之前，有多人抬轎、勸進，我固然掙扎，但我實在不願意背叛國民黨。我之所以決定參選，來自於兩個原因：

　　一、我讀了一篇選情分析的文章，該篇文章強調臺灣的選舉，大致上藍綠各占三分之一，中間選民（含年輕人）亦占三分之一。藍綠之深淺，雖然有別，但總的來說，藍色做得再好，綠色也不會投給它，反過來亦是如此。中間選民多為知識份子，討厭藍綠惡鬥，他們大致可分成年輕人與非年輕人，年輕人的特徵，在於非理性的好惡，喜歡標新立異。非年輕人的特徵，在於成熟理性，較能為大局著想。可見，臺灣選舉的勝負，關鍵在於中間選民，他們往哪邊靠，哪邊就贏。如何爭取中間選民的認同，是選舉唯一要做的事。

2020年的總統大選，以目前局勢來看，大致說：藍是韓國瑜，綠是蔡英文，白是柯文哲。韓、蔡各有藍綠的基本盤30%，柯也有20~30%的中間選民支持。柯如不選，他靠向誰，誰就贏，要他中立不表態，不可能。如參選，柯當選的機率高，因這三組候選人雖三足鼎立，實力相當，然當綠無法勝選時，他們寧願柯當選，也不願讓藍執政，棄保現象自然發生，去年臺北市長的選舉，柯文哲能當選即是一個明證。

如郭台銘與柯文哲配，或郭台銘獨立參選，柯文哲支持，那郭當選的機率也非常高，因是同樣的道理。這三組候選人雖三足鼎立，但當藍無法勝選時，他們寧願郭當選，也不願綠繼續執政，棄保現象也自然發生。簡單講，大致上棄保效應只會發生在具有黨性的藍綠，不會發生在中間選民。

2020年的總統大選，藍營本拿了一手好牌，由郭台銘或朱立倫代表國民黨參選，國民黨執政的15個縣市支持，尤其是六都之新北市的侯友宜、臺中市的盧秀燕，以及高雄市的韓國瑜等支持，國民黨必贏。然卻因政黨的政治人物有太多算計，導致一團糟，再次淪為在野黨，乃無法避免。除非，柯文哲不選，而郭台銘參選，因他可獲得最多的中間選民支持，這是國民黨唯一的希望。

二、雖然我自認為治國能力比韓國瑜強很多，從我

創辦的〝鴻海企業王國〞，可以得到印證；美中臺的關係，以我跟習近平、川普的交情，一定能力求三者平衡，而蔡英文一定往美國靠，韓國瑜則往大陸倒；眾所皆知，臺灣的經濟要發展，一定要處理好美中臺的關係，這非我莫屬；雖是如此，然韓國瑜如果能贏得了這場選戰，我也樂觀其成，但眼看韓國瑜的民調，從最初超過四成，一直下降到今日的二成多，而蔡英文則從二成多升至近四成，同志們！你們不擔憂嗎？偏偏韓國瑜的支持者民調，絕大部分來自於黨內同志，能獲中間選民的支持有限，其成長空間也自然受限；如果柯文哲不選，我也不選，三成的中間選民將有大部分流向蔡英文，國民黨必敗，同志們！這是你們想看到的嗎？

　　也許你們會說，我可以不選來支持韓國瑜，中間選民就會投給韓國瑜，再安排我當副總統，或行政院長、或立法院長，一樣可以發揮長才。但這對藍綠營的選民也許有效，對中間選民則行不通，因中間選民的特徵，在於成熟理性，他們相信我有能力把臺灣帶上幸福之路，不見得他們也相信韓國瑜有這個能力，高雄市的政績會說話。至於要韓國瑜充分授權給我治理，以他權力慾望那麼大的性格，有可能嗎？俗話說：「江山易改，本性難移。」還有他的夫人對韓國瑜的影響力，如同吳淑珍之對於陳水扁，縱韓國瑜願意充分授權，夫人願意嗎？中間選民都看在眼裡。更何況，這種政治分贓，是

中間選民所唾棄，如果能贏也就罷了，又不能贏，我是何許人！有必要讓我的人生變得這麼悲哀嗎？

我的團隊經過長時間的觀察、分析、判斷，提供給我的建議就是要參選，對國民黨才有勝算。其原因有二：一為前面說過，藍綠的基本盤各30%，中間選民也占30%，所以臺灣選舉的勝負，關鍵在於中間選民，我們該做的就是，即使不能吸收到中間選民的票，也要稀釋對方獲得中間選民的票，才有贏的機會。所以，我的參選可以吸收到相當多中間選民的票，相對的就稀釋蔡英文獲得中間選民的票，韓國瑜就有可能當選，讓我當犧牲打我都願意。二為當韓國瑜確定不能當選，同志們！可以轉投給我當選，國民黨依舊是贏，蔡英文雖有現任優勢，但二人夾攻一人贏的機會還是比較大。

我宣布參選的同時，國民黨一定要開除我的黨籍，對黨而言，可樹立權威，讓黨員的目標明確，韓國瑜是唯一國民黨的代表；對我而言，沒有政黨的包袱，可以貫徹我治國的理念，做好全民的總統。

同志們！仔細思考，眼光放遠，個人的榮辱，比起黨的生死，實微不足道，比起國家的命運，更微不足道。今日，我既然知道要贏得2020年的總統大選，捨我其誰時，我只能忍辱負重，勇往直前。莫忘了！國父的遺言「**革命尚未成功，同志們仍須努力。**」最後以魯迅之「**橫**

眉冷對千夫指，俯首甘為孺子牛。」來表明我的初心。我的報告到此結束，謝謝！(多利用閩南、客家、原住民等方言俚語舉例說明，以增加群族認同感與幽默風趣)

二、總統條件：

自由民主是普世價值，沒有討價還價的餘地，但它必須建立在民主素養的基礎上，否則成為空談。孟子說：「人之所以異於禽獸者，幾希？」只差在人懂得做人道理的德性而已。天時、地利、人和，以人和為首，正所謂：「家和萬事興，國泰千般順。」

假如我是總統，素養、德性，以及人和是我的基本條件，而人格特質是：

1.以大局為重。

2.無個人情緒。

3.智慧與遠見。

三、競選宣言：

假如我是總統候選人，我會對外發布競選宣言：

1.我不是聖人，但我可以給人民幸福。

2.嚴禁後宮干政，杜絕後門。

3.不批評對手，不打口水戰，只談政策，展現民主風度。

4.我沒有政黨包袱，可做好全民的總統。

5.重新檢討勞工退休金，以及軍公教退休俸的合理性。

6.申張司法正義，將阿扁關回去。

假如我是總統，我應該做，也是最想做的十件事，才有可能建立一個和諧幸福的社會：

1.兩岸和平→善用臺灣戰略位置，與中美三國鼎立，進而和平共存，讓人民免於恐懼中，並全力發展經濟，改善人民的生活。

2.產業升級→發展尖端科技，尤其是知識經濟，並將傳統產業升級，以提高人民所得，減輕人民生活的負擔。

3.幼有所養→全力協助地方增建公辦托嬰室與幼兒所，以減輕年輕人的負擔，進而解決少子化問題。

4.壯有所用→毛遂自薦，策論取士，公開徵才，每個人都有機會進政府機關，為民服務。

5.老有所用→成立國政顧問團，徵召老人的智慧，

從中央到地方的行政事務，進行全面革新，尤其是AI科技的應用，以提升行政效力，降低成本，改善國家財政，並讓老人對國家社會還有所貢獻。

6.老有所依→照顧父母由國家為你分擔，以榮民之家為基礎，擴建安置老人的照顧，讓年輕人專心打拼自己的前途，而沒有後顧之憂。各縣市並成立〝老人幸福公車〞，每周在上班時段，幾次帶著老人遊山玩水，聽講故事；假日則與家人共享天倫，讓老人有著幸福的餘生，子女可盡孝又沒有太大壓力。

7.穩定物價→凡與人民生活息息相關之水、電、瓦斯、糧食、石油，以及住房等民生物資，政府須有足夠的掌控權，尤其是透過稅賦手段，來穩定物價。

8.健全醫療→以現有醫療體系為基礎，重新檢討其資源的分布與分配，務必使人人都可得到最好的照顧。

9.身家安全→保障人民的身家安全，是政府的第一要務，工作重點則以治安、詐騙、交通違規，尤其是酒駕為首要任務。

10.隔離壞人→開關數個離島區域，安置危害人民身家安全的受刑人，依其輕重分別安置，並讓他們自食其力，讓善良的人得到安全保障，更合乎人性。

四、競選口號：

三本三質六宣言，

六六大順我當選；

和諧社會有十點，

十全十美國家炫[1]！

郭董：

　　這份資料對你如果有幫助，十月底《2020總統候選人政策白皮書》將會完成，屆時再提供給你參考。

國立雲林科技大學漢學研究所
蔡輝振　拜啟2019.09.12

　　其中，值得說明者為〝老人幸福公車〞。當老人幸福公車的司機，是我小女從小的願望，她希望長大後，能每天開著公車，輪流帶著老人家到處走走，說說故事給他們聽，讓他們每天都快快樂樂；每當我與親朋好友一起談論子女將來的願望時，個個野心勃勃、豪氣萬千，

---

[1] 引自司馬相如的《長門賦》：「五色炫以相曜兮，爛耀耀而成光。」意即：國家在我的服務下，會色彩繽紛而耀眼，燦爛得發出奇光一樣的興盛，如同陳皇后得漢武帝的專寵十餘年，失寵退居長門宮，後因司馬相如的《長門賦》而再度得寵，猶如臺灣早期在蔣經國的治理下，創造了經濟奇蹟而欣欣向榮，後因社會紛擾不休，兩岸對立，致使臺灣停滯不前，人民生活困難，今由我郭台銘來服務，將再創臺灣的光芒，誓讓社會安寧，人民幸福。

想當總統、得諾貝爾獎等比比皆是；只有我女兒想當老人幸福公車的司機，得到的回應可想而知，甚至還有鄙視的現象，偏偏我這個父親又非常支持她做自己想做的事，為讓她將來能有個安逸的生活，我很努力賺錢，讓她將來不為金錢所苦；如今，她已是中央研究院（與臺大合作）的博士生，然我問她，她說愛心初衷未曾動搖。如果哪位政治人物願意採納〝老人幸福公車〞的建議，我願意當義工並為其規劃與執行，我女兒則來當司機，以了平生的願望。

本書之撰寫，筆者秉持學術客觀的原則，當然我所謂的客觀，已然含有主觀上的客觀，不過這也沒辦法，筆者盡量不帶意識形態，以及本著良心，忠於自己，不畏權貴的態度為之，如有得罪他人，還請見諒！其有關參考文獻或引用圖文資料，以《維基百科》、《百度百科》等為主。當然！如有缺失，還望時賢指正，或不慎侵權時請告知，筆者將立即改正，特此聲明！人生際遇，本是無數因緣的組合，任一環節之失落，皆可能促成其不同結果，因果關係乃天理循環的定律，小至個人大至國家均是如此。臺灣自公元1624年第一個政權荷西時期起，歷經明鄭、清朝、日據等時期，以至1945年臺灣光復凡300多年間，人民皆處於戰亂或殖民生活，百姓妻離子散死傷無數，這不僅是臺灣人的苦難，也是人類之悲哀。然當我們在飽嘗戰火蹂躪後，實應思其前因後果進而引以為戒，時時不敢忘記，歷史悲劇或不復發生，

尤其是今日海峽兩岸的關係，日益惡化，已面臨戰火邊緣，還望政治人物能慎重，不要重蹈覆轍，才是人民之福！也是筆者所盼。

蔡輝振 寫於臺中望日臺
2022.09.02

壹、臺灣選舉之歷史回顧

一、選舉之始
二、地方選舉
三、中央選舉

　　中國自傳說中的三皇五帝起，以至清代止，皆來自於〝君權神授〞的法統，可以告訴人民它的執政合法性來自於天命，是替天行道，並可以世襲，也可以禪讓。所以，這種極權政治之皇帝權力的轉移，乃世代或禪讓相傳，除非非法奪取。而民主政治則源自於史前的部落，它是一種社群，由兩個或以上的氏族所組成。大致上來說，部落成員為同一祖先之後裔，通常指派部落中最年老的成員擔任領導人。然當部落逐漸擴大時，便發展出一種由各家族的長者共同統治的方式，由此發展成選舉制度，每位領導人皆由人民來選擇，並擔任一定時間便要再選舉一次。

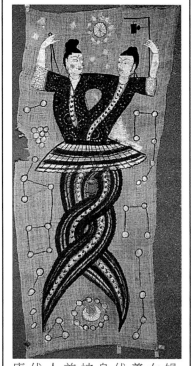

唐代人首蛇身伏羲女媧圖：女媧執規，伏羲執矩。一九六七年於新疆吐魯番阿斯塔那古墓出土，維吾爾自治區博物院館藏。

圖片來源：《維基百科》

　　〝民主〞一詞來自希臘文，是一種政治體制，發源於古希臘公元前五世紀時，便開始採取這種民主政體，也就是由人民來統治。最著名的便是〝雅典民主〞，根據記載出現於公元前508年，延續至公元前323年，但只

有年滿20歲之雅典男子才具有公民資格，女性、男性奴隸和外邦人士都不是公民。民主政治的發展，至十七世紀英國的光榮革命、十八世紀美國獨立與法國大革命之後，民主政治才逐漸成為人類社會主要的政治型態，而鼎盛於二十世紀。根據《自由之家》[1]組織的調查顯示：「全世界在十九世紀時尚沒有任何實行普遍選舉權的自由民主國家，但到二十世紀時，世界192個國家中已有120個（62%）採取這些制度。它的特徵在於國家最高權力屬於人民，不管人民以直接或間接的方式行使此一權力，都可以稱為民主政治，最普遍的方式，即人民透過〝選舉〞，選出領導人來治理國家。」臺灣自然也受這股浪潮所影響，故以下將分臺灣的選舉之始、地方選舉，以及中央選舉來做說明：

一、選舉之始

關於臺灣的文獻記載，首見於陳壽《三國志‧吳志》上說：「湧年春正月魏作合肥新城詔立都講祭酒以教學諸子遣將軍衛溫諸葛直將甲士萬人浮海求夷洲……但得夷洲數千人還。」可見，三國時期的孫權曾派兵至臺灣。不過，清朝以前的中國歷朝都未曾在臺灣本島設官治

---

[1] 自由之家（Freedom House），是一個創立於二戰，由美國政府資助的非政府組織，自稱「致力於民主、政治自由以及人權的研究和支持」，其最知名的是對各國民主自由程度的年度評估，該報告被用於政治科學的研究。

理，只有元代及明代曾斷斷續續在澎湖設巡檢司。史上第一個有系統治理臺灣的政權，便是史稱荷西時期（公元1624年－1662年）。其中，1624年至1662年間雖為荷蘭統治，但西班牙曾於1626年出兵雞籠（今基隆），占領並統治北臺灣，以至1642年退出臺灣。

永曆十五（1661）年，鄭成功率軍攻入臺灣驅逐荷蘭，開啟了南明王朝延平郡王在臺灣的統治，史稱明鄭時期，這也是臺灣首次明確畫入中國版圖的政權。南明王朝滅亡後，臺灣便成反清復明的基地，在此之前中國歷代王朝從未有效管轄過臺灣。清朝乾嘉年間（1736年－1820年），政府統一臺灣後，隨即依該王朝之地方體制設府置縣，並派官吏來臺治理，史稱清朝時期。光緒二十（1894）年，爆發中日甲午戰爭，隔年中國戰敗割讓臺灣予

17世紀時繪鄭成功像
圖片來源：《維基百科》

1895年，日軍進臺北城北門街的想像圖（原畫典藏於日本明治神宮聖德紀念繪畫館），第三位為北白川宮能久親王，第五位為明石元二郎，今博愛路。
圖片來源：《維基百科》

日本，開啟日本統治臺灣半個世紀之久（1895年－1945年），史稱日據時期。民國三十四（1945）年10月25日，第二次世界大戰結束，臺灣光復，臺灣政權由中華民國政府接收。民國三十八（1949）年，國民政府於大陸失去政權而退守臺灣，並治理臺灣，史稱民國時期迄今。

臺灣光復
圖片來源：《維基百科》

民主政治乃西方的產物，中國雖然在春秋戰國時期，儒家便提出了〝民本〞的概念，意思是人為國家的基礎。《禮記·禮運》「大道之行也，天下為公。選賢與能，講信修睦。」《孟子·盡心章句下》「民為貴，社稷次之，君為輕。是故得乎丘民而為天子，得乎天子為諸侯，得乎諸侯為大夫。」但中國在儒家所主導的〝忠君愛國〞思想下，很難產生民主政治這樣的理念。

民主政治的思想，於清末年

和珅
圖片來源：《維基百科》

間傳入中國。原因起自於乾隆中葉，尤其是和珅專恣後，政事轉弱，亂源即逐漸發生。苗亂、白蓮教、天理教、太平天國、捻匪等叛亂，相繼而起，蜂湧四出，遂使國勢日衰。加上道光年間之中英鴉片戰爭，更開啟列強入侵中國的大門，緊接著便是英法聯軍、俄人東侵、中日甲午等戰役，中國無不與之和談，割地賠款，喪權辱國。

後有德國強租膠州灣，各國又互相仿傚，紛借港灣，使中國海疆，幾無完土。光緒帝雖有心改革，令康有為等策劃新政，並〝以夷為師〞向西方學習，奈何慈禧干預，百日維新終告流產。繼有義和團扶清滅洋之舉，遂有八國聯軍之役，中國至此，已面臨被瓜分的危機。幸有國父 孫中山先生起而革命，推翻滿清，締造〝中華民國〞。孫中山先生參考西方民主政治，並融入中國固有傳統的優點，創立了〝三民主義〞與〝五權憲法〞為國家之根本，讓中國揮別至少三千多年的極權統治，而進入共和體制之民主政治。

孫中山先生
圖片來源：《維基百科》

民國成立之初，孫中山就任臨時大總統於南京，袁世凱卻擁兵自重於北京，遂形成南北對峙。孫中山為求統一免除戰禍，故讓位袁氏，以實行共

和體制為條件。不料袁氏繼任總統後，不僅不遵守國會決議，甚而企圖恢復帝制，遂引起國人激憤，繼而起兵討伐，袁氏為大勢所逼憂鬱而亡。其後又是張勳的復辟，段祺瑞、馮國璋、張作霖、閻錫山、楊增新、唐繼堯、陸榮廷等各地軍伐之割據，加上各國勢力的介入，使中國境內兵禍連年，

袁世凱先生
圖片來源：《維基百科》

民不聊生。雖有民國之名，卻無民國之實，國力更是一落千丈。孫中山見此，深感只有黨員奮鬥，而無武力作後盾，革命難竟全功，故命蔣介石先生於廣東成立黃埔軍校，培養革命力量。

蔣介石果不負所望，使黃埔學生成為一支忠黨愛國的革命軍，在廣東兩次東征，一舉成名。孫中山逝世後，蔣介石繼承遺志誓師北伐，致力中國的統一，先後擊敗吳佩孚、孫傳芳、張宗昌，後張學良亦通電南京，易幟服從國民政府，

蔣介石先生 1926 年 7 月 9 日，就任國民革命軍總司令，在廣州東校場誓師北伐。
圖片來源：《維基百科》

中國終告統一；然百廢待舉，寸步維艱。接著又發生國共內戰、八年抗戰等，在這近200年間，中國人民飽受戰火摧殘，故無法落實民主政治。直至民國36（1947）年12月25日，中華民國在第二次國共內戰期間正式行憲，國民政府依《中華民國憲法》規定改組為中華民國政府，中華民國總統一職取代國民政府主席為中華民國之國家元首。國民大會依《憲法》規定於1948年4月舉行首任總統選舉，由時任國民政府主席的蔣介石當選為總統，並於1948年5月20日就任為首任中華民國總統。

國共二次戰爭，1949年4月23日中共解放軍在渡江戰役中占領南京總統府。
圖片來源：《維基百科》

末任國民政府主席蔣中正
圖片來源：《維基百科》

臺灣民主政治之行使，在日據時期1935（昭和10）年便開始舉行州、市、街、莊議員的選舉，當時官派與民選議員各占一半。但在二十世紀初之前，歐美日各國

的選舉皆非普選，《三一法》[2]依據當時國際上的民主選舉慣例，選舉人設有性別且年滿25歲的男性與財產年納稅額五日元以上的限制，此條件對當時的臺灣人民相當嚴苛。在當時400萬臺灣民眾裡面，合乎資格公民者僅2.8萬人。日據時期的臺灣選舉共舉行兩回，之後因大東亞戰爭爆發不再舉行。該選舉的時間為：

1935年臺灣市議會及街莊議會議員選舉，以及1936年臺灣州議會議員選舉。

1939年臺灣市議會及街莊議會議員選舉，以及1940年臺灣州議會議員選舉。

臺灣光復後，1945年10月25日起，中華民國政府接管臺灣，並成立臺灣省。1946年臺灣省行政長官公署依據中華民國憲法舉行各鄉、

原臺灣省行政長官公署即今之行政院中央大樓；圖片來源：《維基百科》

---

[2] 明治39（1906）年日本政府公佈法律第三十一號以代替將廢止的《六三法》，名稱為《臺灣施行法令相關法律》，簡稱為《三一法》。明治40（1907）年1月1日起實施，與《六三法》差別不大，明定總督之律令不得牴觸日本本國或在臺灣施行的法律，確定帝國議會為最高立法機關，限縮臺灣總督權力，不過之前根據《六三法》所頒佈的律令仍然有效。該法效期為5年，在明治44（1911）年及大正5（1916）年各延長一次，於大正11（1922）年被《三一法》取代而失效。

鎮、市民代表普選，約有240萬宣誓公民參與選舉，這是臺灣地方選舉之始的普選。

民國38（1949）年，國民政府於大陸失去政權而退守臺灣，並於1954年3月22日舉行第二任總統選舉，蔣介石獲得連任總統，這是臺灣中央選舉之始的普選。

二、地方選舉

根據中華民國《公職人員選舉罷免法》中，所定義的〝地方公職人員〞範圍，包含：直轄市長、直轄市議會議員、直轄市山地原住民區區長、直轄市山地原住民區區民代表、縣市長、縣市議會議員、鄉鎮市長、山地原住民鄉長、鄉鎮市民代表、村里長。

臺灣選舉方式則為，以普通、平等、直接及無記名單記投票方式行之。其中，〝普通〞是指滿廿歲公民（民國108年6月21日《公民投票法》修正為滿18歲），除了受監護宣告尚未撤銷者之外，皆可參加選舉成為選舉人；〝平等〞即為一人一票；直接及無記名，則表示投票行為必須親自且直接圈選，而選票上毌須簽名。

地方公職人員之資格，須具有中華民國國籍，民意代表須滿23歲，縣鄉鎮市長須滿26歲，直轄市市長須滿30歲，並在選舉區設籍達四個月以上，未受監護宣告，以及未受褫奪公權者。每屆任期4年，得連選連任一次。

臺灣地方選舉之各級選舉與時間如下表：

年度	日期	省市級	縣市級	鄉鎮市區級	村里級
1946 年	2月8日—3月10日			第1屆鄉鎮市區民代表選舉	
	2月16日—3月5日				第1屆村里長選舉
	3月24日		縣參議員選舉		
	4月15日	臺灣省參議員選舉			
1948 年	3月—4月			第2屆鄉鎮市區民代表選舉	
	3月15日—4月5日				第2屆村里長選舉
1950 年	7月2日		第1屆縣市議員選舉（花蓮縣）		
	7月16日		第1屆縣市議員選舉（臺東縣）		
	9月3日				第3屆村里長選舉
	9月10日—12月10日			第3屆鄉鎮市民代表選舉	

	10 月 15 日	第1屆縣市長選舉（基隆市、臺中市、臺南市和澎湖縣）		
	10 月 22 日	第1屆縣市長選舉（花蓮縣和臺東縣）		
	10 月 29 日 ―12 月 24 日		第1屆鄉鎮市區長選舉（3個縣市）	
	12 月 27 日	第1屆縣市議員選舉（臺北、屏東和高雄縣）		
1951 年	1 月 14 日	第1屆縣市長選舉（臺北市）		
	2 月 25 日 ―11 月 11 日		第1屆鄉鎮市區長選舉（其餘縣市）	
	4 月 1 日	第1屆縣市長選舉（臺北縣、桃園縣、新竹縣和苗栗縣）		
	4 月 15 日	第1屆縣市長選舉（臺南縣、嘉義縣）		

	5月1日		第1屆縣市長選舉（臺中縣）	
	11月18日	第1屆臺灣省臨時省議會議員選舉		
1952年	3月2日			第4屆村里長選舉
	11月28日		第2屆縣市議員選舉	
	12月21日		第2屆鄉鎮市長選舉（1個縣）	
	12月21日—12月28日		第4屆鄉鎮市民代表選舉（9個縣）	
1953年	2月15日—12月6日		第2屆鄉鎮市長選舉（大部分縣市）	
	2月15日—4月5日		第4屆鄉鎮市民代表選舉（8個縣/局）	
1954年	2月7日—11月28日		第2屆鄉鎮市長選舉（其餘縣市）	
	5月2日	第2屆臺灣省臨時省議會議員選舉	第2屆縣市長選舉	

臺灣選戰

	12 月 19 日		第 3 屆縣市議員選舉	
1955 年	2 月 27 日		第 5 屆鄉鎮市民代表選舉（澎湖縣）	
	4 月 17 日		第 5 屆鄉鎮市民代表選舉（大部分縣市）	第 5 屆村里長選舉
	12 月 18 日		第 3 屆鄉鎮市長選舉（1 個縣）	
1956 年	2 月 5 日—12 月 30 日		第 3 屆鄉鎮市長選舉（大部分縣市）	
1957 年	1 月 20 日—11 月 24 日		第 3 屆鄉鎮市長選舉（其餘縣市）	
	4 月 21 日	第 3 屆臺灣省臨時省議員選舉（後改稱第 1 屆臺灣省議員）	第 3 屆縣市長選舉	
1958 年	1 月 19 日		第 4 屆縣市議員選舉	
	4 月 20 日—5 月 18 日		第 6 屆鄉鎮市民代表選舉	第 6 屆村里長選舉

1959 年	10 月 8 日				第 6 屆村里長選舉
	12 月 6 日─12 月 27 日			第 4 屆鄉鎮市長選舉（大部分縣市）	
1960 年	2 月 14 日─5 月 15 日			第 4 屆鄉鎮市長選舉（其餘縣市）	
	4 月 24 日	第 2 屆臺灣省議員選舉	第 4 屆縣市長選舉		
1961 年	1 月 15 日		第 5 屆縣市議員選舉		
	4 月 23 日─5 月 7 日			第 7 屆鄉鎮市民代表選舉	第 7 屆村里長選舉
1964 年	1 月 26 日		第 6 屆縣市議員選舉	第 5 屆鄉鎮市長選舉	
	4 月 26 日	第 3 屆臺灣省議員選舉	第 5 屆縣市長選舉		
	5 月 10 日─5 月 17 日			第 8 屆鄉鎮市民代表選舉	
1965 年	4 月 18 日				第 8 屆村里長選舉
1968 年	1 月 21 日		第 7 屆縣市議員選舉	第 6 屆鄉鎮市長選舉	

臺灣選戰

	4月21日	第4屆臺灣省議員選舉	第6屆縣市長選舉	
	5月5日—9月7日			第9屆鄉鎮市民代表選舉
	6月9日	第1屆直轄市長官派（臺北市）		第1屆直轄市里長選舉（臺北市）
1969年	4月20日—5月25日			第9屆村里長選舉（大部分縣市）
	11月15日	第1屆臺北市議員選舉		
1971年	4月25日			第1屆金門縣村里長選舉
1972年	6月14日	第2屆直轄市長官派（臺北市）		第2屆直轄市里長選舉（臺北市）
	12月23日	第5屆臺灣省議員選舉	第7屆縣市長選舉	

	3月17日		第8屆縣市議員選舉	第7屆鄉鎮市長選舉	
1973年	10月6日			第10屆鄉鎮市民代表選舉	第10屆村里長選舉（高雄縣、基隆市、臺南市為第9屆）
	12月1日	第2屆臺北市議員選舉			
1975年	5月4日				第2屆金門縣村里長選舉
	6月1日	第3屆直轄市長官派（臺北市）			第3屆直轄市里長選舉（臺北市）
1977年	11月19日	第6屆臺灣省議員選舉 第3屆臺北市議員選舉	第8屆縣市長選舉 第9屆縣市議員選舉	第8屆鄉鎮市長選舉	
	12月				第2屆連江縣村里長選舉

1978 年	6 月 17 日			第 11 屆鄉鎮市民代表選舉	第 11 屆村里長選舉（高雄縣、基隆市、臺南市為第 10 屆）
1981 年	5 月 31 日	第 4 屆直轄市長官派（臺北市）			第 4 屆直轄市里長選舉（臺北市）
	11 月 14 日	第 7 屆臺灣省議員選舉 直轄市議員選舉（臺北市第 4 屆、高雄市第 1 屆）	第 9 屆縣市長選舉		
1982 年	1 月 16 日		第 10 屆縣市議員選舉	第 9 屆鄉鎮市長選舉	福建省金門縣第 3 屆、連江縣第 2 屆村里長選舉

	6月12日			第12屆鄉鎮市民代表選舉	第12屆村里長選舉（高雄縣、基隆市、臺南市為第11屆，高雄直轄市為第1屆）
	6月6日	第5屆直轄市長官派（臺北市）			第5屆直轄市里長選舉（臺北市）
1985年	11月16日	第8屆臺灣省議員選舉直轄市議員選舉（臺北市第5屆、高雄市第2屆）	省選直轄市選臺員	縣市長選舉（第10屆；新竹市、嘉義市第2屆）	
1986年	1月18日				福建省金門縣第4屆、連江縣第3屆村里長選舉

	2月1日		縣市議員選舉（第11屆；新竹市、嘉義市第2屆）	第10屆鄉鎮市長選舉	
	6月14日			第13屆鄉鎮市民代表選舉	第13屆村里長選舉（高雄縣、基隆市、臺南市為第12屆，高雄直轄市為第2屆）
1989年	12月2日	第9屆臺灣省議員選舉直轄市議員選舉（臺北市第6屆、高雄市第3屆）	縣市長選舉（第11屆；新竹市、嘉義市第3屆）		
1990年	1月20日		縣市議員選舉（第12屆；新竹市、嘉義市第3屆）	第11屆鄉鎮市長選舉	

	6 月 16 日			第14屆鄉鎮市民代表選舉	第14屆村里長選舉（高雄縣、基隆市、臺南市為第13屆，臺北市為第6屆，高雄市為第3屆）
1993 年	6 月 18 日				臺北市第7屆,高雄市第4屆里長選舉
	7 月 16 日			第15屆鄉鎮市民代表選舉	第15屆村里長選舉（高雄縣、基隆市、臺南市為第14屆,金門縣第5屆、連江縣第4屆）
	11 月 27 日		縣市長選舉（第12屆；新竹市、嘉義市第4屆；金門縣、連江縣第1屆）		

	1 月 29 日		縣市議員選舉（第13屆：新竹市、嘉義市第4屆；金門縣、連江縣第1屆）	第12屆鄉鎮市長選舉
1994 年	12 月 3 日	第1屆臺灣省省長選舉 第10屆臺灣省議員選舉 第1屆直轄市市長選舉 直轄市議員選舉（臺北市第7屆、高雄市第4屆）		
1997 年	11 月 29 日		縣市長選舉（第13屆；新竹市、嘉義市第5屆；金門縣、連江縣第2屆）	

1998 年	1 月 24 日		縣市議員選舉（第14屆；新竹市、嘉義市第5屆；金門縣、連江縣第2屆）	第13屆鄉鎮市長選舉	
	6 月 13 日			第16屆鄉鎮市民代表選舉	村里長選舉（高雄縣、臺南縣市為第15屆，金門縣、連江縣、臺北市、高雄市第16屆，基隆市第6屆、第5屆、第8屆、第5屆）
	12 月 5 日	臺灣省制虛級化省議選長、員省等停辦屆2轄市選長舉轄員選臺（市北第直、8屆轄市高、雄第市直5屆議）舉第直市舉直議舉			

2001年	12月1日		縣市長選舉（第14屆；新竹市、嘉義市第6屆；金門縣、連江縣第3屆）		
2002年	1月26日		縣市議員選舉（第15屆；新竹市、嘉義市第6屆；金門縣、連江縣第3屆）	第14屆鄉鎮市長選舉	
	6月8日			第17屆鄉鎮市民代表選舉	第17屆村里長選舉（高雄縣、基隆市、臺南市為第16屆，金門縣第7屆、連江縣第6屆、高雄市第6屆）
	12月7日	第3屆直轄市長選舉、直轄市議員選舉（臺北市第9屆、高雄市第6屆）			

2003 年	1 月 4 日				臺北市第 9 屆里長選舉
2005 年	12 月 3 日		縣市長選舉（第15屆；新竹市、嘉義市第 7 屆；金門縣、連江縣第4屆）縣市議員選舉（第 16 屆；新竹市、嘉義市第7屆；金門縣、連江縣第4屆）	第15屆鄉鎮市長選舉	
2006 年	6 月 10 日			第18屆鄉鎮市民代表選舉	第 18 屆村里長選舉
	12 月 9 日	第 4 屆直轄市市長選舉直轄市議員選舉（臺北市第10屆、高雄市第7屆）			

臺灣選戰

	12月30日				臺北市第10屆里長選舉
2009年	12月5日		縣市長選舉（第16屆；新竹市、嘉義市第8屆；金門縣、連江縣第5屆）縣市議員選舉（第17屆；新竹市、嘉義市第8屆；金門縣、連江縣第5屆）	第16屆鄉鎮市長選舉	
	6月12日			第19屆鄉鎮市民代表選舉	第19屆村里長選舉
2010年	11月27日	直轄市長選舉（臺北市第5屆、其他第1屆）直轄市議員選舉（臺北市第11屆、其他第1屆）			臺北市第11屆、新北市、臺中市、臺南市、高雄市第1屆里長選舉

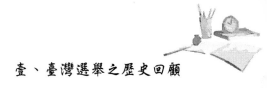

　　2014年起，由中央選舉委員會將直轄市長、直轄市議員、縣（市）長、縣（市）議員、鄉（鎮、市）長、鄉（鎮、市）民代表、直轄市山地原住民區長、直轄市山地原住民區民代表及村（里）長等九類地方公職人員合併於同一天投票，簡稱〝九合一選舉〞。

選舉日期合併後如下表：

年　度	日　期	地方級
2014 年	11 月 29 日	2014年地方公職人員選舉
2018 年	11 月 24 日	2018年地方公職人員選舉
2020 年	8 月 15 日	第3屆高雄市市長補選

以上表文參考來源：《維基百科》

三、中央選舉

中華民國的中央選舉有：正副總統、國民大會代表、立法委員，以及監察委員等四種。茲說明如下：

1·正副總統：

總統是中華民國的國家元首，設立於 1948 年，繼承國民政府主席的職能。依據《中華民國憲法》規定，總統對外代表中華民國，可行使締結條約及宣戰、媾和之權；對內得依法

總統府（原臺灣總督府）
圖片來源：《維基百科》

公布法律、發布命令，宣布戒嚴，行使大赦、特赦、減刑及復權之權，任免文、武官員以及授與榮典。同時也是三軍統帥，統率全國陸、海、空軍。

副總統是中華民國的國家副元首，根據《中華民國憲法》規定，當總統缺位時，由副總統繼任，至總統任期屆滿為止；或是總統因故不能視事時，由副總統代行其職權。也就是副總統只是備位元首，沒有政治實權，但總統可以賦予副總統部分職權。

根據《總統副總統選舉罷免法》規定：

A.總統選舉機關：

總統、副總統選舉由中央選舉委員會主管並指揮、監督省（市）、縣（市）選舉委員會辦理之。

B.選舉人：

包括在國內，以及現住在國外之中華民國自由地區公民，均得為總統、副總統之選舉人，但在國外之中華民國自由地區公民行使選舉權，需返國為之。

C.候選人：

正副總統資格，應具有中華民國國籍，並在其區域繼續居住至少6個月，且曾設籍15年以上，年滿40歲，得申請登記為總統、副總統候選人。但國籍為回復或因歸化取得者，以及中華人民共和國居民等不得登記為總統、副總統候選人。每屆任期4年，得連選連任一次。

為避免候選人過多影響選情。該法還規定總統候選人必須要有主要政黨推薦。該政黨須在最近任何一次正副總統或立法委員選舉，其所推薦候選人得票數之和，應達該次選舉有效票總和百分之五以上。二個以上政黨共同推薦一組正副總統候選人者，各該政黨推薦候選人之得票數，以推薦政黨數除其推薦候選人得票數計算。

臺灣選戰

　　除此之外，為救濟無主要政黨推薦的總統候選人仍可參選，該法又規定，該候選人可由公民連署提出。該公民連署，其連署人數已達最近一次立法委員選舉人總數 1.5%者。此連署的連署人必須具名，以及造冊。

　　民國35（1946）年12月25日，由中華民國制憲國民大會於南京議決通過，1947年1月1日由國民政府公布，同年12月25日施行之《中華民國憲法》，規定總統、副總統由國民大會間接選舉。該制憲國民大會選舉臺灣省代表，採間接選舉方式，由各縣市議會，以及各代表協會組織推舉候選人，並經臺灣省行政長官公署核定後，由臺灣省參議會投票決定。《中華民國憲法》公布實施後，臺灣省也做為一個選舉區進行三種國會議員的選舉：

　　1947年中華民國國民大會代表選舉（第一屆）；

　　1948年中華民國立法委員選舉（第一屆）；

　　1947年－1948年中華民國監察委員選舉（第一屆）。

　　1949年底中華民國政府遷臺後，隨之而來的國民大會代表，在延長自身任期後，仍依照憲法規定每隔六年集會一次選舉正副總統。

臺灣中央選舉之正副總統間接選舉與時間如下表：

選舉	任次	日期	總統當選人	副總統當選人	註記
1954年中華民國總統選舉	第二任	1954年3月22日	蔣中正	陳誠	因出席人數不足需舉行第二輪投票
1960年中華民國總統選舉	第三任	1960年3月21日	蔣中正	陳誠	
1966年中華民國總統選舉	第四任	1966年3月21日	蔣中正	嚴家淦	
1972年中華民國總統選舉	第五任	1972年3月21日	蔣中正	嚴家淦	1975年4月5日蔣中正逝世，由嚴家淦繼任總統。
1978年中華民國總統選舉	第六任	1978年3月21日	蔣經國	謝東閔	
1984年中華民國總統選舉	第七任	1984年3月21日	蔣經國	李登輝	1988年1月13日蔣經國逝世，由李登輝繼任總統。
1990年中華民國總統選舉	第八任	1990年3月21日	李登輝	李元簇	本次選舉時已解嚴，唯動員戡亂時期臨時條款仍在施行中。

以上表文參考來源：《維基百科》

　　該選舉到1990年代憲法增修前共舉行過7次，此期間國民大會代表雖然在臺灣有小部份〝增額選舉〞，但到1990年第八任總統選舉時，有投票權之國民大會代表中，在1947年大陸選出者仍佔超過75%。可見，國民大會未改選，選舉便流於形式，從1954年至1990年7次總統選舉，皆為中國國民黨提名之候選人同額競選。故此時期總統、副總統當選人的黨籍皆為中國國民黨。

　　李登輝連任第八任總統（1990年－1996年）後，在其任職期間除廢止《動員戡亂時期臨時條款》外，還主導制定《中華民國憲法增修條文》，在不變更原有憲法架構的原則下，修改及凍結部分《中華民國憲法》條文。修憲後，總統與副總統由分開參選投票改為組合參選投票，選舉方式由國民大會間接選舉

李登輝先生；圖片來源：《維基百科》

制改為人民直選制，任期由原本的六年改為四年，同時賦予總統發布緊急命令權，以及任命行政院院長時，不需要經立法院同意等。1996年3月23日李登輝搭檔同黨籍的連戰，於第九任總統選舉中，當選為首任全民直選之總統，這便是臺灣選舉之始的直選政治，總統、副總統由人民直接選舉產生。

臺灣中央選舉之正副總統直接選舉與時間如下表：

選舉	任次	日期	當選人		政黨	備註
			總統	副總統		
1996年中華民國總統選舉	第九任	1996 年 3 月 23 日	李登輝	連戰	◉中國國民黨	首次總統直選
2000年中華民國總統選舉	第十任	2000 年 3 月 18 日	陳水扁	呂秀蓮	❀民主進步黨	首次政黨輪替
2004年中華民國總統選舉	第十一任	2004 年 3 月 20 日	陳水扁	呂秀蓮	❀民主進步黨	
2008年中華民國總統選舉	第十二任	2008 年 3 月 22 日	馬英九	蕭萬長	◉中國國民黨	第二次政黨輪替
2012年中華民國總統選舉	第十三任	2012 年 1 月 14 日	馬英九	吳敦義	◉中國國民黨	
2016年中華民國總統選舉	第十四任	2016 年 1 月 16 日	蔡英文	陳建仁	❀民主進步黨	第三次政黨輪替
2020年中華民國總統選舉	第十五任	2020 年 1 月 11 日	蔡英文	賴清德	❀民主進步黨	

以上表文參考來源：《維基百科》

　　1996 年第九任正副總統首次直接選舉，是臺灣真正落實民主政治的開始。該次的選舉不但讓中華民國政府在臺灣的統治擁有更強的合法性，也讓中華民國成為真正的民主國家。

2. 國大代表：

　　依 據 1946 年制定的《中華民國憲法》，國民大會為五權憲法中的最高權力機關，代表全國國民於中樞行使政權。1949年中華民國政府遷臺後，仍繼續在臺澎

中山樓為國民大會 1972 年至 2005 年之集會場所；圖片來源：《維基百科》

金馬運作至2005年《中華民國憲法增修條文》的修正，該次修憲後凍結所有與國民大會相關的條文。

　　國民大會代表資格，具有中華民國國籍，年滿23歲，並得由依法設立之政黨或20人以上組成選舉聯盟，申請登記為國民大會代表選舉之候選人。回復中華民國國籍滿三年、因歸化取得中華民國國籍、大陸地區人民、香港或澳門居民經許可進入臺灣地區設有戶籍滿十年

者，得登記為候選人。每屆國大代表任期6年，得連選連任無次數限制。但1947年選舉的第一屆國大代表，任期原為六年，後因國民政府遷移臺灣，大陸地區的代表，無從改選而變為無限期。中華民國政府遷臺後，國大代表在臺灣舉行了7次選舉。

臺灣中央選舉之國民大會代表選舉與時間如下表：

屆別	投票日	重要記事
第1屆	36年11月21日至23日	民國35年12月25日制憲國民大會制定中華民國憲法，36年1月1日公布，12月25日施行。依據憲法施行之準備程序，國民政府於36年3月31日制定公布國民大會代表選舉罷免法。 依憲法規定，國民大會代表由全國每縣市及其同等區域、蒙古各盟旗、西藏、各民族在邊疆地區、僑居國外之國民、職業團體、婦女團體、內地生活習慣特殊之國民依法選出，每6年改選1次。第1屆國民大會代表共選出2961人。 37年3月29日召開第1屆第1次會議。 第1屆國民大會代表之任期依憲法第28條第2項之規定：「每屆國民大會代表之任期，至次屆國民大會開會之日為止」，故在第2屆代表未能依法改選集會前，第1屆國民大會代表任期未屆滿，依法行使職權。

臺灣選戰

屆別	投票日	重要記事
第1屆 （增補選）	58年12月20日	由於人口增加、行政區域變動及原有代表因故出缺，應有代表人數與實際名額之間出現差額，58年3月27日制定「動員戡亂時期自由地區中央公職人員增選補選辦法」，辦理國民大會代表增補選。 增補選國民大會代表15人（臺灣省6人、臺北市2人、職業團體5人、婦女團體2人）。
第1屆 （第1次增額）	61年12月23日	61年6月29日制定「動員戡亂時期自由地區增加中央民意代表名額選舉辦法」，辦理中央民意代表增額選舉。 第1次增額選舉國民大會代表53人（臺灣省30人、臺北市4人、福建省2人、原住民2人、職業團體10人、婦女團體5人）。
第1屆 （第2次增額）	69年12月6日	原訂於67年底進行之第2次增額國民大會代表選舉，因中美斷交，國家面臨非常情況，總統乃於67年12月16日發布緊急處分令，停止一切競選活動，延期舉行選舉，暫由原增額選出之國民大會代表，繼續行使職權。 69年5月14日制定公布「動員戡亂時期公職人員選舉罷免法」，為我國中央及地方公職人員選舉之法律依據。 69年6月16日正式成立中央選舉委員會，各省市及縣市選舉委員會於同年7、8月間分別成立，依法辦理各項選舉。 第2次增額選舉國民大會代表76人（臺灣省39人、臺北市7人、高雄市3人、福建省2人、原住民2人、職業團體16人、婦女團體7人）。

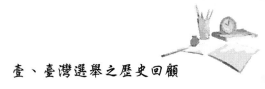

屆別	投票日	重要記事
第1屆 （第3次增額）	75年12月6日	第3次增額選舉國民大會代表84人（臺灣省45人、臺北市8人、高雄市4人、福建省2人、原住民2人、職業團體16人、婦女團體7人）。
第2屆	80年12月21日	為因應動員戡亂時期終止及80年5月1日制定公布之憲法增修條文規定，同時廢止動員戡亂時期臨時條款，回歸憲法體制。依憲法增修條文規定，國民大會代表由自由地區各直轄市、各縣市、山地原住民、平地原住民、全國不分區及僑居國外國民選出。另於民國80年8月2日修正公布「公職人員選舉罷免法」，增列中央公職人員之全國不分區及僑居國外國民代表名額，採政黨得票比例方式選出，並廢止職業團體及婦女團體之選舉。 第1次全面改選國民大會代表，共選出325人（臺灣省173人、臺北市28人、高雄市14人、福建省4人、山地原住民3人、平地原住民3人、僑居國外國民20人、全國不分區80人），任期由6年改為4年。
第3屆	85年3月23日	共選出國民大會代表334人（臺灣省182人、臺北市27人、高雄市15人、福建省4人、山地原住民3人、平地原住民3人、僑居國外國民20人、全國不分區80人），任期4年。 第3屆國民大會代表任期至89年5月19日止，依86年7月21日修正公布之憲法增修條文規定，原訂第4屆國民大會代表選舉於89年5月6日辦理投票；惟89年4月25日修正公布之憲法增修條文第1條規定，國民大會代表為300人，在立法院提出憲法修正案、領土變更案，或提出總統、副總統彈劾案時，

屆別	投票日	重要記事
		於三個月內採比例代表制選出，國民大會於選舉結果確認後十日內集會，集會以一個月為限。國民大會代表任期與集會期間相同，又稱任務型國民大會。 第4屆國民大會代表選舉因無辦理法源依據，公告中止選舉。
任務型	94年5月14日	第1次任務型國民大會代表選舉，採比例代表制選出代表300人，集會任務為複決立法院所提之憲法增修條文修正案。 94年6月7日複決通過立法院所提憲法增修條文修正案，裁撤國民大會。原定國民大會集會之複決職權轉由公民複決，國民大會從此走入歷史。

以上表文參考來源：《中央選舉委員會》

　　在法理上，《中華民國憲法》原文雖未改動，但依據《中華民國憲法增修條文》，已有半數憲法條文停止適用。但因該增修條文的有效期限為國家統一前，所以與國民大會相關的《國民大會組織法》、《國民大會職權行使法》，以及《國民大會同意權行使法》等相關法律仍然沒有廢止，故國民大會處於凍結狀態，並未廢止。2012年3月第8屆立法院院會，由臺灣團結聯盟黨團提出上述三法的廢止案，但因屆期不連續原則，並未完成審查。可見，時至今日國民大會依然存在，只是凍結而已，國民大會並未真正走入歷史。

3. 立法委員：

立法院是中華民國的最高立法機關，在國民大會被廢除後，其普遍被認為是中華民國的國會。它的前身為民國初年立法機構之眾議院（1913年－1925年）。國民政府時期以恢復法統為理由，於民國17（1928）年

立法院（原日治時期之臺北第二高女校舍）；圖片來源：《維基百科》

在南京成立立法院，最初為國民政府的附屬機關，但在1948年為因應行憲而脫離行政權，成為正式的議會機關。現在是一院制之議會，設有113個席位，並於1992年開始，立法院全面定期改選至今。現任之第十屆立法委員，於2020年2月1日宣誓就職，任期則至2024年1月31日時屆滿。

立法委員資格，應具有中華民國的國籍，年滿23歲，並在各選舉區域繼續居住4個月以上者，可以登記為立法委員候選人；也可以由依法設立之政黨，登記為全國不分區，以及僑居國外國民，立法委員選舉之全國不分區候選人。僑居國外之中華民國國民，年滿23歲，在國內未曾設有戶籍，或者已將戶籍遷出國外連續八年以上者，得由依法設立之政黨，登記為全國不分區，以及僑居國外國民，立法委員選舉之僑居國外國民候選

人。每屆立法委員任期4年，得連選連任，且無次數的限制。

第一屆立法院立法委員[3]於1948年1月21日至23日選出，應選773席實選759席，未選出者包括：新疆缺1人；西藏缺2人；僑居國外國民缺11人。任期從民國37（1948）年5月5日至民國80（1991）年12月31日止。

臺灣中央選舉之立法委員選舉與時間如下表：

屆別	選舉	結果	地圖
第二屆 （1993－1996）	1992年12月19日 立法委員選舉全部161席	國民黨：95席 民進黨：51席 社民黨：1席 無黨籍：14席 註：以無黨籍身份當選的14人中，有7人為自行參選的國民黨籍人士。	

3　1950年12月27日，行政院建議蔣中正，咨請立法院同意，由現任立法委員延長任期1年〝以繼續行使立法權〞。12月29日立法院第21次會議，就蔣中正咨商立法院〝延長立法委員任期1年咨文〞，舉行討論，全場一致鼓掌通過。原定立法委員任期於1951年5月7日屆滿，惟各省市政府均無法行使職權，既不能辦理選民調查，選民亦無法行使其選舉權，行政院乃建議咨商立法院，使立法委員任期再延長1年。由於兩岸情勢關係，隨中華民國政府遷臺者一直沒有進行改選，許多立法委員一直當到過世，未過世者則一直任職至1991年12月31日方才全面退職。

第三屆 （1996 － 1999）	1995 年 12月2日 立法委員 選舉全部 164席	國民黨：85席 民進黨：54席 新黨：21席 無黨籍：4席	
第四屆 （1999 － 2002）	1998 年 12月5日 立法委員 選舉全部 225席議 席	國民黨：123席 民進黨：70席 新黨：11席 民主聯盟：4席 非政黨聯盟：3席 建國黨：1席 新國家連線：1席 無黨籍：12席	
第五屆 （2002 － 2005）	2001 年 12月1日 立法委員 選舉全部 225席議 席	民進黨：87席 國民黨：68席 親民黨：46席 臺聯盟：13席 新黨：1席 無黨籍：10席	

第六屆 （2005－2008）	2004 年 12 月 11 日 立法委員選舉全部 225 席議席	民進黨：89 席 國民黨：79 席 親民黨：34 席 臺聯盟：12 席 無黨聯盟：6 席 新黨：1 席 無黨籍：4 席	
第七屆 （2008－2012）	2008 年 1 月 12 日 立法委員選舉全部 113 席議席 立委任期由三年延至四年	國民黨：81 席 民進黨：27 席 無黨聯盟：3 席 親民黨：1 席 無黨籍：1 席	
第八屆 （2012－2016）	2012 年 1 月 14 日 立法委員選舉全部 113 席議席	國民黨：64 席 民進黨：40 席 臺聯盟：3 席 親民黨：3 席 民國黨：1 席 無黨聯盟：1 席 缺額：1 席	

第九屆 （2016 － 2020）	2016 年 1 月 16 日 立法委員 選舉全部 113 席議 席	民進黨：68 席 國民黨：35 席 時代力量：3 席 親民黨：3 席 無黨聯盟：1 席 無黨籍：3 席	
第十屆 （2020 － 2024）	2020 年 1 月 11 日 立法委員 選舉全部 113 席議 席	民進黨：63 席 國民黨：38 席 民眾黨：5 席 時代力量：3 席 無黨籍：4 席	

以上表文參考來源：《維基百科》

　　根據《中華民國憲法》規定，立法委員不得兼任官吏；其於院內依法行使職權所為之議事行為，對院外不負責任；立法委員除現行犯外，在會期中非經立法院許可，不得逮捕或拘禁。又依據《立法委員行為法》規定，立法委員不得兼任公營事業機構之職務；至於有關倫理規範、義務與基本權益、遊說及政治捐獻、利益迴避、紀律等事項，該法均有規範。

4·監察委員：

　　監察院為中華民國最高監察機關，成立於民國20（1931）年2月。依照《中華民國憲法》，該院在中華民國五院中，負責行使彈劾權、糾舉權、調查權、監試權，以及審計權；在1992年前與國民

監察院（原臺北州廳）
圖片來源：《維基百科》

大會和立法院共同行使國會職權。今之監察院由監察委員29人組織而成，由總統提名，經立法院同意任命，任期6年，其中1人任院長、1人任副院長。

　　1947年12月25日《中華民國憲法》正式施行，監察院之監察委員，採用各省市參議會、臨時參議會，蒙藏地方議會，以及華僑團體選舉的間接選舉。1948年6月5日正式成立行憲後的第一屆監察院選舉。1949年，監察院隨中華民國政府遷移臺灣，作為國會的一部分，也基於維持〝法統〞的地位，與國民大會和立法院一樣並無進行改選，全體無限期延任，而被譏為〝萬年國會〞。

　　1992年5月，第二屆國民大會通過第2次中華民國憲法增修條文，把當初原為間接選舉機構之各省、市、地

方議會，以及華僑團體等選舉，改為直接由總統提名監察院院長、監察院副院長、監察委員，同意權交由國民大會行使，並將原屬於監察院的司法院、考試院的人事審核權移到國民大會。2000年4月，第三屆國民大會通過中華民國憲法第6次增修條文，把該等同意權交由立法院行使，導致位階與立法院相同的考試院與監察院委員與正副副院長人事同意權、年度預算，皆須經由立法院審核行使。由此，日後各院人事同意權成為立法院，執政黨與在野黨政治鬥爭的爭議之一。

2004年底，陳水扁總統提名之監察院正副院長人選與監察委員，遭到以國民黨為首的泛藍杯葛，遭到立法院程序委員會凍結，而無法排入議事程序，導致監察院處於缺位狀態長達三年半。2007年8月15日司法院大法官公布釋字第632號解釋，認定立法院不將此案排入議事程序已經牴觸憲法，要求立法院進行適當處理。由於部分被提名者已在行政院擔任行政院部會首長，依照憲法不得兼任監察委員，又使得該項人事同意案擱置。直到2008年，馬英九接任總統後，重新提名第四屆監察委員，由國民黨多數的立法院於7月4日表決通過；監察委員於8月1日上任，監察院才全面恢復運作。

臺灣中央選舉之監察委員選舉與時間如下表：

屆別	法定任期	實際任期	監察委員產生方式	名額	附註
第一屆	原為六年，後改為無限制	1948 年 6 月 4 日 － 1991 年 12 月 31 日	1947年－1948年選舉	178	在中國大陸舉行的唯一一次選舉。該次臺灣省亦選出 5 名監察委員。 政府遷臺後來臺報到者 104 名，至 1991 年底退職。
			1969年增額選舉	2	僅在臺北市舉行。選出之監察委員與 1947 年－1948 年選出之任期同步。
			1973年第一次增額選舉	15	臺灣任期制增額監察委員，任期六年，受國際情勢延為八年。
			1980年第二次增額選舉	32	臺灣任期制增額監察委員，任期六年。
			1987年第三次增額選舉	32	臺灣任期制增額監察委員，任期六年至 1992 年底。

第二屆		1993 年 2 月 1 日 — 1999 年 1 月 31 日	由總統提名，經國民大會同意後任命	29	改為非議會機關，監察委員選舉停辦。
第三屆		1999 年 2 月 1 日 — 2005 年 1 月 31 日	由總統提名，經國民大會同意後任命	29	
第四屆	六年	2008 年 8 月 1 日 — 2014 年 7 月 31 日	由總統提名，經立法院同意後任命	29	第三屆任滿後因立法院拒絕審查人事案而出現空缺期。
第五屆		2014 年 8 月 1 日 — 2020 年 7 月 31 日	由總統提名，經國民大會同意後任命	29	
第六屆		2020 年 8 月 1 日 — 2026 年 7 月 31 日	由總統提名，經國民大會同意後任命	29	現任

上下表或文參考來源：《維基百科》

監察委員重要彈劾案件有：

A.副總統李宗仁案：

1952年1月通過彈劾副總統李宗仁，隨後在1954年第一屆國民大會第四次會議通過〝罷免李副總統〞，理由是李宗仁擔任代理總統期間〝違法失職〞，實際上是中華民國政府遷臺後李宗仁並無隨著來臺，赴美不歸。

李宗仁先生
圖片來源：《維基百科》

B.陸軍二級上將孫立人案：

1955年，當時由副總統陳誠組成〝九人小組〞，調查原陸軍總司令、二級上將孫立人部屬，涉及匪諜案及兵變的同時，監察委員陶百川等五人自行發動調查。其結果與總統府方面極為不同，監察院報告認為孫立人案子虛烏有，但該報告由於過於敏感，事後馬上被列為機密封存，於2001年才重見天日。隨後孫立人由於該九人小組報告，遭國防部管束行動於臺中市長達33年。

孫立人先生；圖片來源：《維基百科》

C.行政院院長俞鴻鈞案：

1957年監察院因軍公教待遇問題，通過糾正行政院，但行政院逾期答覆後，監察院又決議約詢行政院院長，又遭到俞鴻鈞拒絕。監察院於是通過彈劾，將俞鴻鈞送司法院公務員懲戒委員會議處。司法院公懲會最後也議決記俞鴻鈞申誡一次。此一懲處雖屬輕微，但對行政院聲望打擊甚

俞鴻鈞先生；圖片來源:《維基百科》

大，俞鴻鈞隨後辭職，由副總統陳誠兼任行政院院長。總統蔣中正對於監察院此舉頗為不滿，曾威脅開除彈劾提案的十名國民黨籍監委，也引起學界論戰，但當時公意傾向認為，行政院院長無權拒絕監察院約詢。

總的來說，臺灣選舉之歷史回顧，乃中華民國臺灣省的地方選舉，始於民國35（1946）年，以至今日；而中央選舉則始於民國36（1947）年，以至今日。並可從民國76（1987）年7月15日解除《臺灣省戒嚴令》，而分為兩階段。

1.第一階段：

第一階段從 1946 年起至 1987 年止，凡 41 年間。臺灣的地方選舉皆有定期舉行，而中央選舉除總統選舉

正常外，其他之國大代表、立法委員，以及監察委員，皆因中華民國政府遷移臺灣，大陸地區代表無法進行改選，第一屆全體無限期延任，只在臺灣地區做增額選舉而已，至 1991 年第二屆才恢復正常選舉。該等選舉雖具一定的民主形式，然實質運作過程卻弊端連連。根據蘇瑞鏘的歸類[4]，最常見者有：

A.賄選綁樁：

所謂〝賄選〞俗稱〝買票〞，是臺灣選舉最嚴重的弊端，且一直史不絕書，至今猶存。因有買票就有貪污，雖不是必然，但羊毛出在羊身上，單就 4 年或 6 年任期的薪資，遠遠不足於買票的錢。省議員許世賢就指出：「近來賄選之風氣遍地皆然。」[5]省議員郭國基更痛批：

> 選舉愈來愈腐敗，賄選買票愈公然，選票買賣雙方不感羞恥，竟而認為當然，不但選縣市長、省縣市議員雖由人民選良，縣市議員之選議長也公然買賣選票，至此地步買賣當選縣市議員已經無廉恥腐敗至極了。[6]

所謂〝樁腳〞，是指在選舉中基層為候選人拉票的工作人員，多為對該地方的政治熟悉並有一定影響力的

---

4 蘇瑞鏘，《文史臺灣學報》第十三期，（臺北：國立臺北教育大學臺灣文化研究所，108 年），頁 100-106。

5 許世賢，《臺灣省臨時省議會第三屆第三次大會專輯》，（南投：臺灣省臨時省議會秘書處編印，1962 年），頁 92。

6 郭國基，《臺灣省議會第二屆第五次大會專輯》，（南投：臺灣省議會秘書處編印，1962 年），頁 108-109。

人士。在選戰中，樁腳會利用各種手段，也有可能是非法的，使其支持的政客當選，例如動員街坊或家族成員參與投票，稱為綁樁。而賄選的金錢或禮品，通常由樁腳經手。如果選戰競爭者，想得到樁腳的支持，投靠競爭者一方，此行為則稱為〝拔樁〞。

在臺灣，最嚴重的樁腳，便是透過〝農會〞、〝水利會〞、〝廟宇〞，以及〝村里幹事〞等系統來綁樁。中山大學陳茂雄教授則認為，還有一種樁腳，他說：

> 臺灣的選舉很奇特，要依賴龐大的組織才有機會執政，可說是〝樁腳政治〞，只是中國國民黨樁腳的架構與民進黨完全不同。中國國民黨的組織中心在於黨部，黨部掌控大樁腳，大樁腳再擁有小樁腳，整個團體呈現金字塔型。

又說：

> 民進黨的架構則完全不同，雖然與中國國民黨一樣，大家爭著當黨主席，事實上民進黨的黨部只是空架子，不像中國國民黨掌控整個組織。民進黨的黨部並沒有樁腳，因為樁腳都在政治人物手中，所以政治人物個個都是老大，人人都可以挑戰中央。[7]

---

[7] 陳茂雄，〈國民兩黨樁腳的架構差很大〉，《臺灣時報》，2013 年 12 月 9 日。

B.作票：

　　所謂〝作票〞是一系列發生在投開票所舞弊現象的俗稱，其手法琳瑯滿目。作票也是臺灣選舉長期遭受詬病的弊端。根據省政記者王伯仁的歸類[8]，大致有：選票臥底法、Lo、Re、Me 彈鋼琴法、中途冒投法、重複投票法、抹紅法、狸貓換太子、指鹿為馬法、偷龍轉鳳法等方式。

C.公務人員違法介入：

　　省議員吳三連在省議會中質詢省主席周至柔時指出：依據相關規定，現役軍人、警察、辦理選舉事務人員、各級公務人員等不得協助競選，亦即嚴禁干預選舉。然而，前年省議員暨縣市長選舉時，卻親眼看到公、教、警職人員為候選人拉票。[9]

　　省議員李源棧也多次在省議會質詢省主席周至柔說：「臺灣省實施地方自治開始以來，……過去非法干涉選舉最屬害者就是警察，其他公教人員、軍人、自治人員都常發現。」[10]蘇瑞鏘認為，造成此一現象的原因甚

8　王伯仁，〈中國國民黨「作票」史記〉，《民報》，2014 年 7 月 5 日。網址：http://t.cn/AiKYPjE5，上網日期 2022.08.04。

9　吳三連，《臺灣省議會第一屆第二次大會專輯》，（南投：臺灣省議會秘書處編印，1960 年），頁 2007-2011。

10　李源棧，《臺灣省議會第二屆第二次大會專輯》，（南投：臺灣省議會秘書處編印，1961 年），頁 2678-2692。

多，黨國不分背景下所形塑出的政治觀、威權時期胡蘿蔔與棍棒下的獎懲效應，都是較顯著的原因。[11]

D.非競爭性選舉：

所謂〝非競爭性選舉〞，就是行政首長一人競選與民意代表同額競選的〝一人（同額）競選〞的弊端。在當時這種情形非常嚴重。項昌權就統計出以縣市長為例，從 1954 年的第二屆到 1968 年的第六屆選舉，均出現為數不少的一人競選，如第二屆有 8 個縣市、第三屆有 3 個縣市、第四屆有 8 個縣市、第五屆有 6 個縣市、第六屆有 5 個縣市出現一人競選，主要原因之一是有人用各種方法，包括威嚇與利誘，阻止他人出來競選，卻美其名為〝讓賢〞。[12]

E.選舉監察制度的缺失：

臺灣選舉初期，選務與監察皆由選務機關總攬，省政府雖於 1950 年頒布《臺灣省妨害選舉取締辦法》與《臺灣省縣市選舉監察委員會組織規程》，建立選舉監察制度。省設監察委員會、縣市成立監察小組，投開票所設置監察員。然而選監制度的實際運作常遭詬病，如權力過大，甚至可以取消候選人的參選資格，而被質疑破

---

[11] 蘇瑞鏘，《文史臺灣學報》第十三期，（臺北：國立臺北教育大學臺灣文化研究所，108 年），頁 103。

[12] 項昌權，《臺灣地方選舉之分析與檢討》，（臺北：商務印書館，1971 年），頁 125-133。

壞司法獨立。尤其是由偏向國民黨的成員組成，與國民黨介入選監系統的作為，被質疑成為國民黨打擊對手，以及為黨籍候選人增添助力的政治工具。[13]

2·第二階段：

第二階段從 1988 年起至今日止，凡 34 年間。臺灣的選舉隨著時間遷移，已逐漸成熟。究其原因可能有二：一為解除戒嚴，落實了民主政治，執政的國民黨再也沒有法律依據，可以膽大妄為；二為選民的民主素養提升，尤其是 2000 年的首次政黨輪替，促使民主政治慢慢回歸正軌。第一階段的五大弊端，也逐漸消失，但繼之而起的缺

第三屆朱立法委員高正；圖片來源：《立法院》

失，便是朱高正所謂〝政治是高明的騙術〞。

〝舞臺〞是人類展現自我的地方，每個人都需要，尤其是政治人物。以政治活動為專業，缺乏政治理想，但求個人利益，不擇手段的政治人物，謂之〝政客〞；以政治活動為專業，有政治理想，公益大於私利，並堅守

---

[13] 任育德，《向下紮根：中國國民黨與臺灣地方政治的發展（1949-1960）》，頁 379-404。

職業道德的政治人物，謂之〝政治家〞。

　　政治是高明的騙術，對於一個民主素養成熟的國度，尤其擅於明辨是非的人民，其作用有限，最終也會銷聲匿跡，因騙不到選票。然對於一個缺乏民主素養的國度，尤其感性大過於理性的人民，其作用便非常之大，也會越來越興盛，因騙得到選票，大家爭先模仿。臺灣雖號稱是世界最民主國家之一，然其人民的民主素養卻普遍不足，以至今日的選舉，政治是高明的騙術依然暢行無阻。前者五大弊端，是違法的行為；而後者之缺失，雖不違法，卻是失德的行為。

臺灣選戰

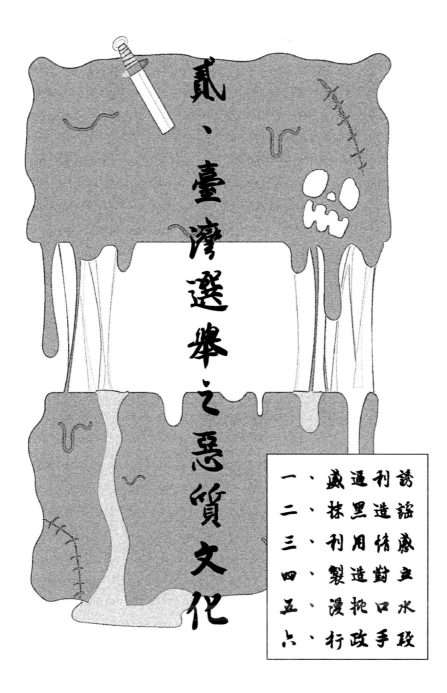

貳、臺灣選舉之惡質文化

誘謠蠱惑立水段
利造情對口手
逼黑用造抹政
盛抹刊製漫行

一、二、三、四、五、六

臺灣選舉之惡質文化，琳瑯滿目，最常見的有六種，即威逼利誘、抹黑造謠、利用情感、製造對立、漫批口水，以及行政手段等。茲說明如下：

一、威逼利誘

所謂〝威逼利誘〞，即是以威勢脅迫，以利益誘惑。也就是說，用軟硬兼施的手段，企圖使人屈服。威逼者，有如流氓；利誘者，有如親娘。就如老舍《四世同堂》所說：「日本人是左手持劍，右手拿著昭和糖，威脅與利誘，雙管齊下的。」如：

老舍先生；圖片來源：《維基百科》

A.以暴力脅迫，或暗示特定候選人如果當選，將導致賣臺、戰爭或經濟惡化增加失業率等行為。

B.以組織動員的方式綁樁賄選，在選舉前候選人交付現金、提供免費的旅遊、或贈予高價禮品等，藉以誘導選民的投票意向等行為。

C.以期約賄選，在選舉時提出公共政策，或大興土木工程，或交通建設，或畫大餅等的政見，以期約賄絡選民，或有可能是在暗示選舉樁角，將在當選後大包工

程給他們賺，或欺騙選民看得到，吃不到的畫大餅等行為。

D.以期約賭盤的方式賄選，在選舉前候選人不交付任何的買票錢，卻為人頭出賭盤的投注金，並聲明當投注對象的候選人當選時，人頭們可得投注彩金的方式進行，藉以誘導人頭們幫忙拉票等行為。

以上之非法行為，是臺灣長期以來的選舉，最常見的手段之一。

使用威逼利誘主要的案例有：

1.根據《生日祝福網·歷史重要事件》的報導：1913年10月6日，中華民國臨時參議院召開總統選舉，王家襄為主席。袁世凱命令京師員警廳和拱衛軍聯合派出軍警〝保衛〞國會。更有便衣軍警千餘人，自稱〝公民團〞，將國會團團圍住，所有入場的人准進不准出。根據《總統選舉法》規定：候選人必須獲得四分之三的絕對多數票才能當選。第一輪投票，袁世凱得471票，尚缺99票，又進行第二輪投票，結果袁世凱得497票，離當選仍差63票。時已過午，議員要求回家吃飯，公民團把住前後門，並大聲叫喊：「今天不選出我們中意的大總統，就休想出院！」議員見公民團雖外穿便衣，但軍褲、皮靴和短槍赫然可見，知形勢嚴重，遂在第三輪就袁世凱和黎元洪二人決選時，袁以507票當選。公民團完成任務，

並高呼大總統萬歲，振旅而返。這時已是晚上9時。議員們饑腸轆轆，倉皇歸去。第二天，國會選舉副總統。黎元洪以610票當選。袁世凱當選後，上海、天津等地報紙對選舉情況表示不滿，國務院即通電各省說：「**此次選舉並無軍警干涉情事，倘敢捏造蜚言，嚴懲不貸。**」

2.根據張文生在《臺灣政治轉型與分離主義（1988－2000）》一文上說：1997年5月5日臺灣〝國民大會〞正式召集會議舉行第四次〝修憲〞，各種政治勢力圍繞著〝修憲〞問題展開了激烈的鬥爭。地方政府勢力組成了〝反凍省〞陣營，臺灣省議會的國民黨黨團串聯新黨及無黨籍省議員連署〝反凍省、反廢省共同聲明〞，得到〝國大〞次級團體〝祥和會〞的聲援。〝祥和會〞公開挑戰國民黨的黨版〝修憲案〞，反對〝凍省〞，反對〝國代〞由政黨比例產生，質疑7月前完成〝修憲〞的必要性。1997年6月10日，臺灣315個鄉鎮市代表會的主席、副主席在臺中集會，反對廢除各鄉鎮市民代表選舉。〝祥和會〞的〝國代〞有42人，與新黨聯手有可能使〝修憲〞擱淺，給國民黨中央主導的〝憲改〞方案造成威脅。為了使〝凍省會〞能順利過關，國民黨中央軟硬兼施，威逼利誘，一方面，李登輝親自出馬約談〝國代〞，並動員地方黨部對〝反凍省〞的〝國代〞進行勸說；另一方面，祭出黨紀，給〝反凍省〞最力的〝國代〞呂學樟停止兩年黨權的處分。由於國民黨的全力圍堵，〝反凍

省"陣營被瓦解。

3.根據【東森新聞報】2002年10月22日報導說：1996年8月10日，廖學廣在汐止家中遭持槍綁匪綁架，引發社會大眾震驚。廖學廣被挾持到林口山區，禁錮狗籠之中。綁匪未曾對廖學廣施暴，還在狗籠上蓋著紙張以遮陽，外灑石灰粉以防毒蛇，點了蚊香，並買了報紙與礦泉水供廖學廣取用，可見無意傷人。囂張的是，綁匪還寫了一張海報，書「替天行道」四個大字，警告意味濃厚。是為「關狗籠事件」；事件後，廖學廣一口咬定此事件為立委羅福助指使天道盟分子所為，因為廖學廣曾批羅福助是「黑道立委」。2002年10月22日，涉及關狗籠事件的天道盟太陽會基隆仁愛組組長「阿風」謝金峰被逮捕。雖無明確證據顯示事件與羅福助有關，但被警方查獲的涉案人是天道盟成員。

4.根據【NOW新聞台】2015年10月7日的報導：國民黨換柱，不但被質疑不能力挽狂瀾，反而導致總統、立委、新北市，以至誠信、形象，全輸局面，更被指違法。國民黨高層被揭曾多次密會企圖勸退洪秀柱，有民進黨立委昨天在立法院質詢中高舉標語，指是史上最大宗"搓圓仔湯"，要求當局查辦。法務部部長羅瑩雪表示，有人檢舉就會辦。搓圓仔湯是臺灣政商界，以及選舉常用的術語，指透過協商、威逼利誘等手段，勸說他人放棄權利。

5.根據【台視新聞TTV NEWS】2020年1月8日的報導：8日澳媒報導，中國國民黨副秘書長蔡正元與一名孫姓中國商人在耶誕節前夕，利誘威脅自稱中國間諜的王立強，收回之前對國民黨的指控，並要求他聲稱是民主進步黨賄賂他，要王立強說謊。對此，蔡正元9日上午召開記者會說明澄清。

6.根據【臺灣高等法院檢察署新聞稿】95年2月15日說：95年3月1日各縣市議會正、副議長選舉，從坊間及媒體民調反映，該項選舉必會有賄選情事，由檢、警、調人員蒐集的情資顯示，經過三合一選舉強力查賄之後，賄選的歪風仍未止息。為遏阻惡劣的選風，臺灣高等法院檢察署於95年2月15日邀集訴訟轄區（臺北、板橋、士林、桃園、新竹、宜蘭、基隆地方法院檢察署）及福建高等法院金門分院檢察署訴訟轄區（金門、連江地方法院檢察署）各檢、警、調首長及主任檢察官、檢察官，召開「95年各縣市議會正副議長選舉查察賄選座談會」，法務部施部長、最高法院檢察署吳檢察總長、內政部簡次長、警政署洪副署長、調查局葉局長、刑事局林副局長等均蒞會指導，並由檢察、調查、警察機關提出查賄要領及各縣市調查、警察機關提出選情分析報告。法務部施部長於會中指出，檢警調機關在三合一選舉時，對有意參選正副議長的候選人，有無綁樁期約賄選即已進行蒐證，選後並將查賄板塊移轉至期約正、副

議長選舉的賄選行為，現接獲之情資已有32件，賄選行情一般約是300萬元，兩組競選地區更有加碼200萬元以上的動作，這些情資目前均由查察人員進行查證當中。

新聞剪輯 查察賄選

史上最快**文旦買票2天起訴**
里長候選人求刑3年半

99.09.18
蘋果日報
A22版

送白米涉期約賄選 仁美村長交保
檢方傳訊26位村民 起獲白米、蛋黃酥等證物 吳仁守喊冤

99.09.23
臺灣時報
9版

涉索回扣岡山鎮長吳森發起訴
吳簽賭六合彩入不敷出 和鎮代會主席何存秀涉透過工程掮客 索取八百多萬元

99.09.25
臺灣時報 8版

臺灣選戰

高雄都會 焦點　A14

查賄破天荒　大批警力進駐雄檢

99.10.20
自由時報 A14版

涉送茶葉　里長候選人被傳訊

（記者方志賢攝）

99.11.04
自由時報
AA3版

訊後候選人一萬交保

高市 郭素桃涉買票　自己交保　夫收押

抓賄戰車

▲五都選戰如火如荼進行中，台北地檢署也主動出擊，仿照民選人的宣傳車，上街宣導反賄選，呼籲「全民一起抓賄」。（圖說 陳志源）

99.11.25
中國時報
A7版

84

7.根據【臺灣高等法院檢察署‧桃花心木下的回眸】第五篇－工作日誌上記載：97年3月14日：本署檢察官指揮法務部中機組、刑事警察局、雲林縣警局等警調單位人員，兵分13路，破獲首宗總統大選賭盤簽賭案，查獲雲林縣口湖鄉某競選總部總幹事呂○○等人於總統大選期間涉嫌以賭盤簽賭，並起出帳冊、傳真機及現金1百多萬元。

97年3月19日：本署檢察官指揮法務部調查局中部機動工作組、雲林縣調查站、雲林縣警察局及北港、臺西分局共2百餘人，兵分29路，查獲口湖鄉某競選總部主委林○○等人涉嫌總統大選賭盤簽賭案，並當場查扣現金48萬元、簽單及帳冊等物。

桃花心木下的回眸

禮盒以慰勉其辛勞。

三○、97 年 1 月 1 日：本署檢察官查獲蔡○○等人涉嫌以每票 5 百元代價為立委候選人張○○賄選案。案經檢察官偵查終結，於 4 月 29 日提起公訴，具體求刑 7 年，併科罰金 7 百萬元，並褫奪公權 10 年。

三一、97 年 1 月 1 日：本署檢察官查獲楊○○等人涉嫌賄選案件。

三二、97 年 1 月 1 日：本署檢察官指揮轄區內警調人員，前往斗南涉嫌賄選之里鄰長住處搜索，總計查扣約 6 萬元之賄款，並漏夜追回發出的 3 萬多元現金，帶回犯嫌 26 人，其中某周姓里長因涉嫌重大，經檢察官訊問後向法院聲請羈押獲准。

三三、97 年 1 月 2 日：本署查賄小組檢察官於 96 年 12 月間接獲線報，指稱斗六市鎮西里黃 ○○ 里長涉嫌為某立委候選人賄選。案經檢察官指揮雲林縣警察局及黃姓里長等人住處搜索，當場查扣賄款餘款 45 萬元及賄選名冊，並帶回 30 名里鄰長及樁腳。根據查扣名冊顯示本案約有 1 千 4 百多人涉案，為全國選舉史上最大賄選案。

三四、97 年 1 月 2 日：本署檢察官查獲許○○等人涉嫌賄選案件。

三五、97 年 1 月 3 日：本署檢察官查獲廖○○等人涉嫌賄選案件。

三六、97 年 1 月 4 日：本署檢察官查獲陳○○等人、詹○○等人、廖○○涉嫌賄選案件。

三七、97 年 1 月 7 日：本署檢察官查獲丁○○等人、黃○○等人涉嫌賄選案件。

三八、97 年 1 月 8 日：本署檢察官查獲鍾○○等人涉嫌賄選案件。

三九、97 年 1 月 28 日：本署檢察官指揮雲林縣調查站、雲林縣警察局刑警大隊，前往元長鄉舊湖村循線破獲魏 ○○ 等人涉嫌以合法掩護非法之方式販售斃死豬，並當場查扣 2 千公斤斃死豬，訊後依違反畜牧法、食品衛生管理法移送。

四○、97 年 2 月 24 日：雲林縣農田水利會長張○○涉嫌於第 7 屆立委選舉時為立委候選人張○○選舉賄選，經本署指揮雲林縣調查站人員將犯嫌張○○帶回偵訊。因認犯罪嫌疑重大，經向法院聲請羈押獲准。

四一、97 年 3 月 14 日：本署檢察官指揮法務部中機組、刑事警察局、雲林縣警局等警調單位人員，兵分 13 路，破獲首宗總統大選賭盤簽賭案，查獲雲林縣口湖鄉某競選總部總幹事呂○○等人於總統大選期間涉嫌以賭盤

臺灣選戰

桃花心木下的回眸

簽賭，並起出帳冊、傳真機及現金1百多萬元。

四二、97年3月19日：本署檢察官指揮法務部調查局中部機動工作組、雲林縣調查站、雲林縣警察局及北港、台西分局共2百餘人，兵分29路，查獲口湖鄉某競選總部主委林○○等人涉嫌總統大選賭盤簽賭案，並當場查扣現金48萬元、簽單及帳冊等物。

四三、97年4月12日：本署檢察官於總統大選期間查獲呂○○等人涉嫌賭盤簽賭一案，案經偵查終結，將犯嫌共31人提起公訴，並具體求刑2到4年不等。

四四、97年4月18日：本署檢察官於97年2月間偵辦雲林縣農田水利會長張OO涉嫌於立委選舉期間為張OO選舉賄選案，經檢察官抽絲剝繭，不眠不休，將全案偵查終結，並將張○○等18名被告提起公訴，主嫌張○○被具體求處30年徒刑，併科罰金5千萬元。

四五、97年4月20日：本署檢察官指揮調查局中機組偵辦台塑六輕煙囪灰渣清理工程弊案，查獲麥寮鄉長林○○等人涉嫌向包商牟取不法利益貪瀆案件。案經持續追查，發現雲林縣議長蘇○○亦涉有重嫌，經4月23日訊問後諭令以1千萬元交保候傳。

四六、97年5月15日：本署檢察官於96年底接獲民眾檢舉，查獲前口湖鄉長王OO於92年間擔任鄉長期間曾辦理「口湖鄉下宜梧中排抽水站興建工程案」，卻利用其職務涉嫌讓債權人李OO以收取工程回扣抵債之貪瀆弊案。案經檢察官偵查終結，依貪污治罪條例求處王OO無期徒刑，褫奪公權終身，併科罰金1千萬元。

四七、97年6月9日：為因應肥料漲價引起之肥料囤積情形，本署主動邀集轄區警調單位，召開聯合查緝非法囤積肥料會議，並於會後展開同步查緝行動；由主任檢察官及檢察官指揮轄區內警調人員，前往虎尾、土庫、莿桐、斗南及大埤鄉等地查緝，其中在斗南及虎尾等地，均有查獲疑似肥料囤積，主嫌李○○等人經訊問後，以違反公平交易法等罪嫌移送。

四八、97年6月9日：本署檢察官指揮海巡署雲林機動查緝隊，會同台中海關及航警局等人員，查獲毒品走私案，主嫌李○○等人涉嫌以肛門夾藏毒品方式企圖闖關，起出595公克海洛因，市價約2千萬元。

四九、97年6月10日：本署檢察官指揮雲林縣調查站人員，前往雲林縣二崙鄉查獲肥料行老闆鍾○○涉嫌囤積肥料案，並查扣肥料8千7百多包。

二、抹黑造謠

所謂〝抹黑造謠〞，即是以散佈不實的消息，或黑函攻擊，意圖使特定候選人不當選；或模糊事實的焦點，意圖掩蓋對自己不利的事件。但如果為事實陳述，則不屬於造謠與毀謗，也和一般的交談或辯論不同，它與議題本身無關，是誹謗中傷一個人或團體以使其失去信用的手段。如：

A.藉由八卦雜誌或網路等媒體傳播，使用難以證實的謠言、扭曲或半真半假的訊息，或甚至是謊言對特定候選人進行人身攻擊，該候選人，便要浪費很多的時間、精力與資源來澄清這些指控的內容，卻不是對議題本身所進行的回應，這也就是所謂的「造謠一張嘴，闢謠跑斷腿。」即使真相大白，特定候選人的聲望往往也已然受損。

B.將注意力從議題轉移開來，以模糊事實的焦點，掩蓋對自己不利的事件。

C.以虛假的政見，永遠不會實現的承諾進行誆騙。

D.操作造假的民調，或誘導式的民調，使選民產生棄保作用等。

以上之非法行為，也是臺灣長期以來的選舉，最常

見的手段之一。

抹黑造謠主要的案例有：

1.1998年吳敦義角逐競選連任高雄市長時，與當時競逐臺北市長的馬英九合稱〝北馬南吳〞，抗衡民主進步黨提名角逐連任臺北市長的陳水扁和高雄市長候選人謝長廷的〝南長北扁〞，但在其競選連任結果中，吳敦義因當時民進黨籍市議員陳春生，以一捲疑似吳敦義與某媒體女記者間曖昧對話的電話錄音帶，被誣指其與該名女記者有婚外情，後來該錄音帶經調查局送美國檢定，皆被證實為偽造，但傷害已造成，以4565票之差敗給民進黨謝長廷。[1]

2.2006年黃俊英由國民黨提名參加高雄市市長選舉，選舉中因發生〝走路工事件〞，而以1114票的些微差距，敗給代表民進黨參選的陳菊。該事件經法院判決被告古鋅酩幫忙動員，與蔡能祥一同發放賄款，分別判處有期徒刑3年6個月、有期徒刑9個月定讞。高雄檢方也有查出幕後指使者為〝黃俊英競選總部雲林縣後援會〞執行長蘇萬基、資源回收商總經理楊慶德，與黃俊英無關，其事先也完全不知情。選前之夜陳菊陣營召開記者會，標題為〝黃俊英賄選抓到了〞，進而影響選情而取

1　《維基百科‧吳敦義條》，
https://zh.m.wikipedia.org/zh-tw/%E5%90%B3%E6%95%A6%E7%BE%A9，上網日期：2022.08.10。

得勝利。[2]

　　3.根據【自由時報】2020年3月6日記者陳慰慈的報導：蝴蝶蘭文創負責人吳祥輝，依2018年出版作家伊森‧葛特曼寫的《屠殺》一書中文版，刊登報紙全版廣告，並節錄書中摘要，指臺北市長柯文哲曾涉入中國器官買賣市場，指導活摘法輪功學員器官，涉犯殘害人群治罪條例，臺北地檢署調查後認定罪嫌不足，今將柯文哲不起訴。北市府副發言人黃瀞瑩回應說，此案在2018年市長選舉時造成不必要的紛擾與騷動，浪費許多社會資源，期盼如今的結果還給社會平靜，並肯定臺灣在器官移植醫學的努力。柯文哲販賣器官，至今還無法證明其真偽，這不也是抹黑造謠意圖使人不當選的奧步嗎？

　　4.2022年桃園市長的選舉，林智堅辭去新竹市市長身分宣布參選，其他參選者還有臺灣民眾黨推薦的賴香伶、國民黨推薦的張善政。林智堅雖先後自中華大學、國立臺灣大學取得雙碩士學位，但他兩個學位的論文，在競選活動期間受到多人公開指控抄襲，尤其是國民黨王鴻薇的指控，成為該次選舉的熱門議題。中華大學尚在調查指控是否屬實，國立臺灣大學則已認定論文為抄

2　《維基百科‧黃俊英條》，
　https://zh.m.wikipedia.org/zh-tw/%E9%BB%83%E4%BF%8A%
　E8%8B%B1_
　（%E6%94%BF%E6%B2%BB%E4%BA%BA%E7%89%A9），上網
　日期：2022.08.10。

襲,並撤銷了他的碩士學位,國家圖書館已依規定將林智堅的論文下架。而林智堅連同他的指導老師陳明通卻回應,稱是國民黨選舉的抹黑造謠,更指責臺大學倫會召集人蘇宏達未審先判不符程序正義。這便是最典型的〝將注意力從議題轉移開來,以模糊事實的焦點,掩蓋對自己不利的事件。〞國民黨桃園市長參選人張善政則表示:「他只要能夠把事情講清楚,就沒有什麼抹黑不抹黑,事情講清楚,讓事實呈現最重要。」

至於中華大學對於林智堅論文抄襲案的調查,筆者本以為,中華大學董事長為身兼市議員及民進黨發言人等多種身分的李妍慧,自然與蔡英文總統一樣,力挺林智堅。但這畢竟是學術殿堂,不容政治污染,又是全國矚目的案件,勢必要有個合理交代,不能像臺大論文抄襲案的硬拗,否則會衝擊到中華大學日後的經營。因此筆者認為,能讓林智堅脫離困境,又能保有中華大學的碩士學位,唯有以新竹科學園區的「以 TCSI 模式評估新竹科學工業園區之週邊居民滿意度」期末報告,是林智堅為主要起草人為由,即可安然度過難關。縱然主持人是副教授李友錚與教授王明郎,但林智堅是本案的助理,在學術界只要主持過產學合作案者皆清楚,報告書大多數是由助理起草,主持人看過並修改而成,除非該案沒有助理,才會由主持人親自撰寫。如此,便沒有抄襲的問題而保全中華大學的碩士學位,但有侵權的責

任，那是另外的法律問題。

依著作權法91條指出，擅自以重製方法侵害他人著作財產權者，處3年以下有期徒刑、拘役，或科或併科75萬元以下罰金。著作權法第92條擅自以公開口述、公開播送、公開上映、公開演出、公開傳輸、公開展示、改作、編輯、出租之方法侵害他人之著作財產權者，處三年以下有期徒刑、拘役，或科或併科75萬元以下罰金。林智堅恐涉及該法第91條重製罪與第92條改作罪。

但該等罪責是告訴乃論，不是公訴罪。所謂〝告訴乃論〞，又稱親告罪，即不訴不理，是指某一些刑事案件中，必須要有被害者提出告訴，法院才會追究被告或犯罪嫌疑人的罪責；而〝公訴罪〞，則指刑事偵查、起訴是由偵查機關主動發起，起訴與否操之於檢察官的偵查結果，而不取決於告訴人的意思。

新竹科學園區會不會提告是一個問題，也可以選擇拖過有效期六個月內不提告，也可以選擇庭外和解等方法很多。更何況，現在是力挺林智堅的蔡英文執政，新竹科學園區總會給他面子，所以想過關並不是困難的事。筆者本以為，中華大學會朝這個方向宣判，但今日（8月24日）中華大學公布審議結果，認定林智堅抄襲、違反學術倫理，建議撤銷碩士學位，這倒讓筆者感到訝異！畢竟學者還是有學術良心居多，不與政治起舞。當

然，也有可能以退為進，讓林智堅在法院訴訟時，再提出該理由，一者林智堅已退選，國民黨目的已達，不會再窮追猛打；二者選民早已忘記，沒有人會再關心，這是臺灣政治的常態，所以林智堅還是有機會保住中華大學的碩士學位。5.國民黨發言人洪孟楷於2018年9月4日召開記者會時指出：民進黨立委段宜康的吞曲棍球事件，當年彰化縣長選舉誣指國民黨候選人林滄敏詐領補助款，還發誓不實要吞曲棍球，結果造成林滄敏落選，雖然最近訴訟定讞確定段宜康敗訴，卻已喚不回林滄敏的彰化縣長。

6.洪孟楷再表示：綠營的〝抹紅〞手法，就是把共產黨以及前朝政府拿出來當做〝救援〞，像2003年民進黨刊登廣告抹紅馬英九，影射馬英九支持對岸領導人，最後被臺灣高等法院判賠100萬元，以及必須在四大報公開道歉。

三、利用情感

所謂〝情感〞，即是以內心有所感觸而產生的心理反應，是主觀的，非理性的。它遠超越客觀理性的事實真相、是非觀念。事實的真相，實際上信與不信都是由人的理性判斷能力與方式來決定，而能影響人的理性便是情感。候選人便利用情感這種特性，以博取選民的同

情，而獲得選票。如：

A.製造暴力事件，產生同情票。

B.利用悲慘事件，產生同情票。

此等手段，亦是臺灣長期以來的選舉，最常見的手段之一。

利用情感主要的案例有：

1.根據《TVBS》2004年3月19日的報導：明天就要投票，但今天卻發生陳總統呂副總統在臺南市掃街時遭到槍擊。下午1點45分，總統車隊行經臺南市成功路跟文賢路口的時候，突然遭到槍擊！隨後總統車隊，立刻飛奔前往奇美醫院，記者帶您回到事發現場，來了解這起中華民國選舉史上，第一起總統副總統候選人，遭到槍擊的事件，是怎麼發生的。……

三一九槍擊案的〝兩顆子彈事件〞，被認為對於隔日舉辦的第11任正副總統選舉投票產生影響，使得該事件成為選舉競爭對手連宋陣營，於敗選後拒絕接受選舉結果的原因。槍擊案經美籍刑事專家李昌鈺等人調查後，由臺灣臺南地方法院檢察署及刑事警察局結案，認定該事件的嫌犯為已自殺身亡的陳義雄所為，因已身亡故以不起訴終結。

臺灣選戰

　　該案至今還疑點重重，真相未白，卻為2004年總統大選翻盤。當時的總統府秘書長邱義仁開記者會，宣稱子彈在總統身上，中選會還配合如期選舉投票。但事實不然，陳水扁總統僅是肚皮擦傷，呂秀蓮副總統也僅膝蓋受傷，並無大礙，子彈也皆不在身上。選前的民調，根據《TVBS》在選舉當天舉行出口民調，認為連宋以7個百分點獲勝。但選舉結果，陳呂以不到3萬票的微小差距獲勝當選，兩組候選人得票率僅差0.23%，為歷年及世界總統選舉罕見，而且廢票高達33萬票，為前次總統大選三倍之多，因此另一總統候選人連戰及泛藍支持者要求立即查封所有票箱以備驗票。後來連宋陣營提出當選無效之訴，結果最高法院判決敗訴定讞，陳水扁順利連任。

　　這便是非常典型的製造暴力事件，以產生同情票。以下為〝2003年中華民國總統大選支持民調變化圖：

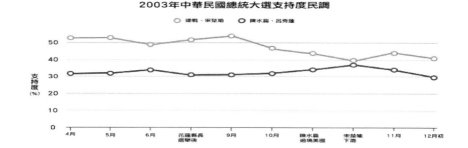

以上圖文參考來源：《維基百科》

2.1989年臺南人周清玉來彰化競選縣長，以受害者家屬為其夫姚嘉文因美麗島事件被捕為訴求，竟以最高票當選。選縣長主要是提政見，來獲得選民的認同，不就是要選一個有能力且經驗豐富的人，來治理縣政嗎？

3.2013年洪仲丘服兵役因遭軍中不當對待而致死，他姐姐洪慈庸，以這個事件為訴求，而成為第9屆立法委員。立法委員所審議的法案，牽涉到全民福祉，何其專業；

4.2016年小燈泡因無故冤殺事件，她媽媽王婉諭，以這個事件為訴求，也成為第10屆立法委員。

以上都說明臺灣人是非常感性，是非理性的感性，自然遠超越客觀理性的判斷，這也是利用悲慘事件，產生同情票的典型案例。

四、製造對立

所謂〝對立〞，即是雙方相對而立，互相敵對、互相排斥。具有情感上的仇恨，也是主觀的，非理性的。它遠超越客觀理性的事實真相、是非觀念。候選人便製造對立這種特性，以取得選民的支持，而獲得選票。如：

A.製造族群對立，以獲得選民的支持票。

B.利用中共對臺灣不利的言論與舉動的兩岸對立，以獲得選民的支持票。

此等手段，是近期臺灣選舉，最常見的手段之一。製造對立主要的案例有：

1.根據《風傳媒·汪志雄觀點：撕裂族群製造對立，民進黨還有沒有新梗》2019年11月9日的報導：日前國民黨總統參選人韓國瑜夫人李佳芬，呼應韓提出的中英文雙語教學，鼓勵母語在家裡學。果不其然，此話一出，又引來民進黨開記者會集體砲轟，指控此舉乃歧視扼殺臺灣母語，又搬出什麼外省殖民威權統治心態，稱此乃為了踐踏打壓其他族群。

……在美國，種族問題是一個非常嚴肅的話題，不論你的政治立場如何，只要牽涉到一些種族發言不當的言語，一定會被群起圍之，公開批評。任何人稍有種族歧視或仇恨對立的發言，不論你是在政治、學術或私人公司，輕則去職，重則以專法「仇恨犯罪」起訴。……

反之在臺灣，省籍牌每到了選舉，就變成了民進黨最方便的提款機，而且是由不入流的政客人物，帶頭操弄抹黑。更可惡的是，這種省籍的操作論述，彷彿成了民進黨本土人士的專利授權，所以只有他們可以用「426」、「支那豬」、「外省狗」、「生番仔」這些輕蔑侮辱的言語，來羞辱其他的族群。……

現在到了2019年，這個不爭氣的執政黨，無法光明正大地打贏選舉，又使出了這種卑賤的撕裂族群，操弄省籍的下流手段。也許再過不久，我們又會看到民進黨的政治人物，在造勢場合一把眼淚一把鼻涕的下跪，呼天搶地的催票說：「咱是臺灣人，絕對不能輸給阿共仔！」

2.根據《國家研究基金會・國政評論》，黃朝盟於2007年3月16日發表〈族群對立惡化，影響國家競爭力〉一文說：「228事件」屆滿60周年，民調卻顯示族群對立問題益發嚴重。根據《聯合報》民調指出，有67%的民眾在政治活動或選舉時可感受到明顯的族群對立，另外過半數（51%）的受訪者抱怨族群對立問題有愈來愈嚴重的趨向。……相同地，《蘋果日報》民調也顯示，有73.8%的受訪者認為臺灣的種族對立全是因為政客選舉操作造成；甚至臺灣智庫公布的最新民調也發現，民眾認為族群問題嚴重的比率由1995年的17.5%，升高至2007年的57.3%。總之自民進黨執政以來，不但沒有彌平族群問題，反而讓族群對立衝突更加嚴重。

近來民進黨在228前夕對於是否「去蔣中正化」，以及中正紀念堂改名爭議再次引發辯論。……這些做法已招致外界批評在為選舉撕裂族群，且更進一步讓族群問題浮上檯面。

　　由上述民調資料可知，目前族群對立嚴重，民進黨應負最大責任。操作政治激情並無助族群融合，而民進黨之所以一而再、再而三地如此操作，是企圖將當時的歷史悲劇簡化成國民黨的罪責，進而從中獲取政治利益。即使前民進黨主席如施明德、林義雄等人皆已察覺到228演變成政客操弄族群的選舉工具，而人民也確實感受到這一點，但是為何歷次大選，此項族群的操弄仍然有效？……

　　此等便是典型製造族群對立，以獲得選民的支持票的案例。

　　3.根據《鏡週刊》2019年4月30日的報導：網紅「館長」陳之漢近期頻頻在網路上發表「愛國言論」，甚至自爆因狂轟中共，導致許多工商服務遭取消，損失近千萬元，館長今（30）日凌晨開直播霸氣強調，「沒關係，為了國家我可以不賺這些錢，我不是那些商人，商人無祖國。」日前館長直播時表態「2020年全面抵制國民黨」，甚至再三強調國民黨的親中政策，恐讓臺灣的民主自由在2020投票後遭剝奪，更抨擊郭台銘，「你的公司已經入了共產黨，這個黨還每天說要武統臺灣，你又說要選總統、不要買武器，是要把臺灣拱手送給大陸嗎？」……似乎也意有所指暗諷，宣布參加初選的鴻海董事長郭台銘。……被網友酸「製造兩岸對立」，讓館長再度怒嗆，「我什麼時候製造對立？是我說要打中國

的嗎？是中國人一直要打臺灣人啊！你住在臺灣這塊國土上，你難道沒有一絲的尊嚴嗎？」

4.根據《聯合新聞網・民意論壇》記者蕭徐行於2019年8月13日的報導：每周一亂已成為六月以來香港社會的「新常態」，隨著警民衝突愈益激烈，不僅香港出現反中情緒，也使得臺灣人民產生脣亡齒寒的心理糾結，尤其年輕人對於中國的評價越來越負面。「友中vs.仇中」的意識激盪，也會影響這次總統與立委選舉的結果。

……研究報告指出，蔡英文總統得利於外部因素，帶動民進黨谷底翻身；……臺灣升高為「護臺灣」的敏感政治議題，使得年輕一代有感於「今日香港、明日臺灣」的悲情氛圍，而高度支持蔡英文的「護臺灣、顧主權」主張，這也是為什麼蔡英文在黨內初選時民調支持度突然升高，廿、卅歲年輕人支持度增加的原因。

這股瀰漫的反中意識，在民進黨刻意操作下，已掩蓋了去年臺灣民眾不滿民進黨「失政敗德」的情緒，加上美國政府刻意抵制中國，都讓總統選舉的國際環境從「友中」的和緩氛圍，轉變為「反中」的對立風向，這也讓國民黨主張兩岸交流的大陸政策受到嚴重的挑戰。

……二個月來香港的動盪與抗爭，不僅強化蔡英文「護臺灣、顧主權」的競選策略，也讓香港局勢的演變成為民進黨鼓吹臺灣人民「仇中、恨中」意識的最佳助

選員。

5.根據《亞洲週刊‧筆鋒》2019年12月2日,2019年48期,以「臺灣選舉操作 諜案漏洞百出」為題說:「共諜」王立強所言漏洞百出:特工間不能橫向連絡;網軍運作不必進入臺灣;北京不會讓間諜和家屬一起出國。

2020年總統大選可能是繼2004年「三一九槍擊案」後臺灣最骯髒的大選,在選戰最後階段,澳洲竟然冒出一個「共諜」王立強,大爆中國大陸如何收買臺灣媒體,並提供鉅款給國民黨總統候選人韓國瑜,而民進黨也順勢推波助瀾將紅帽子扣向國民黨。

王立強在10月28日即接受澳洲電視節目《六十分鐘》採訪,在相同的節目中,臺灣外交部政務次長徐斯儉也同時接受澳洲的採訪,並煞有介事地提到臺灣的總統大選有中國大陸網軍介入,中共更用資金和假新聞影響臺灣大選,呼應王立強的說法⋯⋯

事實上,王立強的說法漏洞百出,完全不符合基本的情戰常識。⋯⋯在情戰作為中,最忌諱的就是特工間的橫向連絡,所有派外的間諜根本不可能互相連絡,因為單向聯繫是最基本的情戰常識,避免因為橫向連絡而遭到反情報單位查獲。

其次，所有的網軍運作根本不需要進來臺灣工作，只需在有網路的任何地方就可以進行攻擊，只要看看2016年俄羅斯影響美國選戰，攻擊地都是在東歐、俄羅斯及英國，根本不會在美國本土操作。

對此，中華人民共和國上海市公安局發布通報，聲明王立強並不是間諜，而是一位涉嫌詐欺的在逃犯。

此等皆是製造對立，以獲選民支持票的典型案例。

五、漫批口水

所謂〝漫批口水〞，即是漫無節制的批評，不提政見解決問題，只會打口水戰，企圖影響選情，以獲得選民的支持。如：

A.批評前朝的口水戰，以獲得選民的支持票。

B.批評政黨或對手的口水戰，以獲得選民的支持票。

此等行為，也是臺灣長期以來的選舉，最常見的手段之一。漫批口水主要的案例有：

1.根據《蘋果新聞網‧生活》記者鄭敏玲於2014年12月26日的報導：臺中BRT快捷巴士行控中心首曝光。臺中市長林佳龍上午偕同交通局長王義川等人到場聽取BRT快捷巴士公司簡報……林佳龍聽取簡報，但聽到簡

報人員表示由於機電壓力不足，BRT快捷巴士的15個子系統無法與行控中心連線，甚至林佳龍本人現場要求要與BRT公車司機對話，竟然獲得「無法雙方通話」的答覆，林佳龍表示「相當憤怒，簡直是一場兒戲、一場騙局！」⋯⋯前中市交通局前局長林良泰則表示，「棉被再乾淨抖一抖也有塵埃，且交通局同仁真的很努力，希望能夠往前看，繼續建設。」前臺中市長胡志強則強調尊重現任市長的看法，對現在的市政不會做任何表示，但他肯定市府員工的努力認為不應一併抹殺。

　　根據《聯合新聞網・即時》記者陳秋雲於2017年3月19日的報導：臺中市長林佳龍上任時，就突檢BRT的行控中心，發現無法與車站與公車三方對話，怒批：「BRT是一場騙局」。監察院調查報告則指出，臺中BRT確實有效益，林團隊全盤廢BRT，涉嫌浪費公帑，「核有違失」。⋯⋯監察院報告指出，臺中BRT系統是市府近年來重大交通施政計畫之一，103年7月底藍線優先段始試營運，104年1月成立體檢小組，同年3月即針對設備缺失提出體檢結果，當時尚未到達預估運量，倉促未能詳盡評估，市府卻因藍線優先段沒有獨立專用路權、缺乏絕對優先號誌通行權、行控中心無法與車輛及車站進行三方通話及系統管理等設備缺失，無法發揮真正BRT之功能與效益，即廢止BRT系統。

　　監察院根據交通部的解釋指出，BRT系統呈現之實質型式並無單一型式，而是因地制宜採取符合適用環境之技術型式，且由嘉義市BRT之經驗而言，專用路權、優先號誌通行權及行控中心之通訊，亦非認定BRT之功能與效益之絕對條件，臺中市府不加思索如何有效提升改善，僅稱所需經費龐大，竟將多年規劃之BRT系統全盤廢止……實有違健全整體中臺灣公共運輸系統及培養大臺中地區大眾運輸運量之目標，亦不符政府施政一致性、大眾運輸之長遠性及重大投資之經濟性等原則，有損市府形象，核有違失。

　　根據《ETtoday新聞雲‧政治》政治中心於2018年11月28日的報導：2018九合一大選，臺中市長林佳龍不敵「魔咒」，以近21萬票差距，敗給國民黨候選人盧秀燕。到底林佳龍為什麼會輸？有大學生在網路上分析12點，包括：不肯感謝前任努力、任內無大建設，卻舉債700億、與德國一人公司簽約1000億海水採礦合作備忘錄（MOU）等，引來國民黨臺北市長候選人丁守中團隊律師葉慶元讚賞「鞭辟入裡」。……網友列出12點林佳龍會輸的原因，第一是林佳龍團隊引以為傲的柳川整治和新高架車站，雖然都整治得非常漂亮，但其實有在關心市政的人都知道，這是前市長胡志強時期就規劃且動工的建設，只是剛好林佳龍接任且順利剪綵，就成了自己的政績。

「捷運綠線全力將光彩往自己身上攬，不肯感謝前任努力」網友稱，第二是胡志強規畫許久且動工的臺中捷運綠線，林佳龍只是剛好接手施工一半的綠線，卻讓光環圍繞在自己的身上，沒有感謝前人的努力；第三是胡志強時期規劃的BRT，「其實可以是很好的系統」，但當時為了選舉未完工通車，造成缺失一堆與民怨，然而BRT車站有月台閘門、站外收費刷卡系統、代幣系統、儲值機等類似捷運的設備，且平均3至6分鐘一班車，林佳龍上任後卻未改善缺失，辜負市民期待，還強拆設備，造成許多剛買的設備擺放與丟棄。

2.根據《風傳媒・杜宇觀點：拒絕選舉口水讓專業上場！》2019年10月25日的報導：離大選日越來越近，蔡政府官員公開幫蔡總統助選公私不分的情況，較國民黨執政時期更為嚴重，讓許多人看不下去；尤其農委會主委陳吉仲公開批評國民黨總統候選人的言詞，已經失去了學者以及政務官應有的風範，畢竟當官是一時的，做人是一輩子的事，我們需要的是治國良才不是鬥雞。陳主委批評總統候選人韓國瑜，對農漁業實際問題「毫無」認識，既不專業甚至自相矛盾（如農產外銷占3成，調整稻米政策等），應該要提出更有內涵的國家政策。

……陳主委在大學任教時曾大肆批評，當時執政國民黨補貼政策及政策性買票的不當，如今政府選前大灑幣且補貼的項目及金額更勝於前朝，典型換了位置換腦

袋，陳主委又要如何自圓其說！……若真的想要好好進行政策性辯論，除了由總統候選人相互論辯外，建議由各政黨總統候選人的智囊團隊推出最強棒，透過媒體公開辯論，看看誰擁有治國人才，誰的政策較務實可行，用政策爭取選票。國內選舉口水已經氾濫成災，為避免災情擴大，請換專業上場，讓競賽更有看頭！

3.根據《民視新聞網‧快新聞》2020年8月13以〈柯文哲批陳其邁挺港是「選舉操作」林飛帆怒斥「花口水」批評不如實質幫助港人〉為題報導說：高雄市長補選候選人陳其邁日前買下蘋果日報廣告，大大地寫上「用臺灣的民主撐香港的自由8.15高雄人站出來」，此舉遭臺北市長柯文哲批評是「選舉操作」，這番言論讓民進黨副秘書長林飛帆今天痛批柯文哲花口水批評，不如想想如何實質協助港人。

高雄市長補選投票進入最後倒數，陳其邁把握最後機會掃街，臺南市長黃偉哲到場助陣外，林飛帆晚上也現身陪同，希望在最後關頭催出年輕票。面對柯文哲批陳其邁登報挺港是「選舉操作」，林飛帆跳出來為陳其邁辯駁，痛批「對於柯市長的廢話，已經越來越失去耐心」。……

林飛帆說，協助港人需要不同部門通力合作，陳其邁就是扮演「整合溝通」的角色，這是「我跟陳其邁過

去一直在做的事情」。他也要重申，協助港人，政府一直都在做，也希望越做越好，「柯市長花口水不如想想如何實質協助」。

3.根據《自由時報‧政治》2022年2月17日記者楊丞或的報導：新竹市長林智堅今天出席地方開工典禮時，再度將砲口對準國民黨立委鄭正鈐、民眾黨立委高虹安及時代力量立委邱顯智。其中，林智堅批評時代力量在公道三、喝好水等議題始終跟新竹市政府唱反調，每天為反對而反對。邱顯智回應，「政治口水大可不必」，接下來新竹市長怎麼進行，跟林智堅一點關係都沒有。林市長應該做的，就是在剩下的任期專心市政，而不是打政治口水戰。……

邱顯智強調，對於房子面臨徵收的人以及弱勢者，這是相當痛苦的一件事，竟然還被講說有領補償金，有種在嘲笑被徵收的人的感覺，這是相當沒有同理心的。新竹市府應該做的，應該是感謝市民願意配合政策。時代力量跟這些弱勢者站在一起，為弱勢者發聲，是因為他們即將面臨流離失所，怎麼會被林市長講成這樣？

……對於最近林智堅砲火猛烈，邱顯智認為，可能是因為即將要卸任有些焦慮感。不過接下來的新竹市長選舉要怎麼進行，事實上跟林智堅一點關係都沒有。剩下的任期，林市長應該把自己的心情與精神專注在新竹

市政上，把所有的注意力集中在市民身上，特別是在光鮮亮麗市容底下的弱勢民眾，新竹市仍有許多需要受照顧的民眾，而不是打這些口水戰。

4.根據《mnews‧鏡新聞》2022年7月31日以〈口水戰開打！蔣萬安緊咬萬華爭議　陳時中槓柯文哲〉為題報導說：臺北市長選戰掀起藍綠白口水戰！民進黨參選人陳時中公布競選主視覺，主打把事做好，引發蔣萬安批評陳時中，既是落跑防疫指揮官，還說萬華是破口，選舉到了才改口要疼惜，根本沒把事情做好。陳時中近期也跟臺北市長柯文哲吵得不可開交，陳時中喊出自己上任後，8年內要蓋出一條捷運，讓柯文哲怒嗆，最討厭這種信口開河的人。

此等皆是漫批口水，以獲選民支持票的典型案例。

六、行政手段

所謂〝行政〞，即是對組織進行日常的管理，並施行法律政策等相關活動。該組織可以是國家，也可以是企業等單位。它的執行力來自於法律授予，也可以依母法自訂法令或行政命令來執行。對國家而言，行政部門和人民的接觸及掌握的資源都最多，對人民的生活影響也最大。在政策上，許多議案都是由行政部門起草，然後交由議會通過。在財經上，行政部門可以單獨發布和

正式立法相同作用的各種規則，以影響人民的社會生活。行政手段僅限於握有行政資源的一方，非雙方皆可以操作。如：

1.剝奪投票權：

A.在選舉前，應用行政手段變更選區範圍，或是修改投票資格，將不利於自己的選票族群排除；或增加對自己有利的選票族群。

B.更改選舉日期，以改變各族群的投票率，如在大學期中考或期末考時,舉辦選舉會降低大學生的投票率。

C.以組織動員的非自願投票行為，如宗教操控信徒，或傳統型的社區，進行組織動員，將選票集中到特定的候選人，尤其是為避免目標選民不去投票，操控者會以交通工具，團進團出的方式，載往投票的場所。

2.做票：

在投開票過程中，應用行政手段，不正當使特定候選人之得票增加或減少，進而改變投票結果的行為。如：

A.竄改票數紀錄；

B.重複點算有利特定候選人之選票；

C.將假票混入真票中，並加以點算。

D.協助殘疾人士時，不照其意願而投給特定候選人。

E.污損有利特定候選人之選票，使其成為廢票。

F.不點算有利特定候選人之選票。

G.同一位選民於不同選區同時，登記為選民。

H.無資格為選民，卻登記為選民，投給特定候選人。

I.代未登記為選民的人登記，並投給特定候選人。

J.利用未在選民名冊中，或不活躍選民身份投給特定候選人等。

3.減少競爭對手：

在參選登記前，應用行政手段，藉以剝奪競爭對手的參選資格；或謀殺讓競爭對手減少。

4.檢調系統介入選舉：

在選舉前後，應用行政手段，讓檢調系統介入選舉，以影響選情。如：

A.藉由不公正的起訴，以及判決等來混淆選民觀

感，以影響選情。

B.藉由不公正的起訴，以及判決等使之當選無效。

C.候選人因非法當選，檢調系統盡量將案件大事化小，以圖利當選人。

D.將擅長抓賄選的檢察官調職，藉此警告其他檢察官不要認真抓賄。

E.利用起訴及判決，明確告知商人，捐錢給特定政治勢力很容易被找麻煩。

F.拖延陳年舊案，在選舉前才起訴，以影響選情。

G.在尚未確認為弊案時，就趕在選舉前起訴，檢察官可以找出一些起訴的理由，該理由很可能會被法院判決無罪的事件，在選舉前才拿出來起訴，縱最後罪證不足，甚至被證明為誣告，但已影響選舉結果。

H.檢調系統使用大規模的監聽，可以藉此惡整政敵，或將消息傳給特定候選人。以上之非法手段，也是臺灣長期以來的選舉，最常見的手段之一。

應用行政手段主要的案例有：

1.1954年2月，臺中縣長陳水潭於任內逝世，臺中縣縣長一職因而在1956年舉行補選。當時豐原鎮的青年黨

籍醫生議員王地，在得知陳水潭因病過世後欲領表登記參選，準備與大甲名醫郭秋漢及國民黨推派的廖五湖等一同競選縣長。然而在3月16日，王地卻接獲臨時徵召令，被臺中團管區要求必須在4月2日下午二時前報到，入伍擔任軍醫，以讓他失去參選資格。3月20日臺灣省縣市選舉監察委員會更表示，王地因屬預備軍官，且已接到徵集令，應視同現役軍人，依規定將喪失被選舉權。最終只有國民黨推派的廖五湖一人完成登記，並具備候選人資格，當然也順利當選縣長。

　　2.1956年，桃園鎮鎮長改選。當時國民黨內有現任的鎮長及當過副議長的張富爭取，初選結果，國民黨提名現任鎮長，引起副議長人士不滿，認為現任鎮長是好好先生，並沒積極建設地方，導致桃園建設落後中壢。遂私下在鎮內物色人才，找上許新枝。投票當天，開票進行到一半發生電燈忽然熄滅事件，當時許新枝的助選員都帶著手電筒，一停電就打開電燈照射，使對方無法作弊。開票結果，許新枝以七十多票之差當選桃園鎮長。然而第二天監察小組卻以抹黑說其投票日，在投票所一百公尺範圍內從事競選活動，於7月6日新任鎮長就職典禮，遭到新竹地方法院宣判〝當選無效〞，支持者認為判決不公平，要求訴諸於選民，再給選民作一次選擇，以證明其清白。結果出人意外，許新枝獲得更多選票，當選鎮長9月上任。許新枝就任鎮長不久，11月就接到

自稱是省政府官員打來的電話，透露即將徵召他去當兵。當時許新枝有輕微肺結核病，遂到臺大醫院檢查，在徵集令到時，以檢驗報告請求緩徵。隔年一月，再度收到徵集令，主管單位要求先入營，在由軍醫院檢查，如果許新枝不去報到就法辦，最後許新枝只好停職，入營受訓。

　　3.1968年，彰化縣長選舉，國民黨提名現任縣議會議長陳時英，黨外則有醫師石錫勳獲青年黨提名為縣長候選人。然而2月16日午後，石錫勳診所卻出現身穿黑色中山裝的中年人，宣稱「自己的母親患有嚴重的老人病，特來請石先生往診。」石錫勳不疑有詐，帶著診用手提包，結果石錫勳隨他坐來接的一部小包車出門後，一去不回。據調查局特務李世傑的回憶，當時逮捕石錫勳是由調查局所主導，在蔣經國決定全力支持陳時英後，除了黨部，各特務機關如調查局、情報局、憲兵、警備總部或警察系統都希望能在蔣經國跟前搶得首功。石錫勳遂以69歲之齡遭當局以出門醫治罹患急症的名義騙出診所，隨後押送臺北調查局秘密監獄裡。最終陳時英在一人競選下當選彰化縣長。而石錫勳於1968年底獲保外就醫後，遠離彰化前往高雄。4.根據國民黨黨工詹碧霞的親身經歷，1963年那時她才14歲，就開始參與業餘做票行列。當時她應淡水鎮水碓里投開票所朱姓主任監票員的指示，到領票處領取一疊選票，並在選舉

名冊沒蓋印的地方簽名，然後依朱某的指示蓋給指定候選人後整疊塞入票箱。到了 1975 年立委補選，她自己則在臺北縣實際參與做票，目標是讓郭雨新的對手當選，也就是國民黨的林榮三。方法是收集選舉名冊中沒來投票者的身分證和印章然後換得選票，甚至林姓選務主任告訴她簽名就給她選票。接著，她說：「十個手指頭，都蓋上紅通通的印泥油，選務人員笑我在彈鋼琴。」[3]

5.根據《蘋果新聞網·林姿妙官邸二度遭搜索　國民黨批政治黑手介入司法》記者戴祺修於2022年2月22日的報導：宜蘭地檢署今（22）日二度搜索縣長林姿妙官邸，林姿妙及林姿妙兒子到案釐清案情，對此，國民黨文傳會下午發出新聞稿強調，林姿妙官邸於40天內遭到兩次大動作搜索、約談，而搜索兩次至今也沒有具體的證據，實有違「比例原則」。鑑於臺灣將於年底舉辦重大的地方選舉，國民黨呼籲民進黨政府，不應將司法、檢調系統做為選舉工具，讓政治的黑手介入司法。……

國民黨表示，近日來民進黨政府動用各種監察、警察、檢調打壓在野黨的作為不斷，年底就是地方公職人員選舉，令人不禁懷疑民進黨政府將檢、警、調，甚至監察等國家機器做為選舉工具，將原本應維護正義的機關，變成打擊異己、抹黑對手的黑手。國民黨呼籲，綠營應儘速將政治黑手撤離司法，還給臺灣人民一個公

---

[3] 詹碧霞，《買票懺悔錄》，（臺北：商周出版，1999 年），頁 121-125。

平、公正的司法環境！

　　此等皆是在位者，利用行政資源所使用的手段，以獲得選民支持票的典型案例。

　　總的來說，臺灣選舉之惡質文化，雖琳瑯滿目，然最常見的有：威逼利誘、抹黑造謠、利用情感、製造對立、漫批口水，以及行政手段等六種。其中，掌權者應用行政手段，在目前資訊透明下的臺灣，以及在野黨與人民的強力監督下，幾乎消聲匿跡，媒體是功不可沒。

　　惡質文化之所以會存在，乃因政治人物迎合選民的愛好，自然就有選票，不迎合就沒有選票，這是政治人物的舞臺，不得不為，所以不能怪政治人物。當然，有些政治人物有原則，絕不迎合選民的愛好，拒絕惡質文化的存在，縱落選也在所不辭，這便是〝政治家〞的風範。只可惜，臺灣的政治家寥寥無幾，政客卻是一大推。

　　要改善惡質文化的存在，只能依靠臺灣選民民主素養的提升。當候選人操弄惡質文化，選民唾棄他不再有選票時，惡質文化自然消聲匿跡。

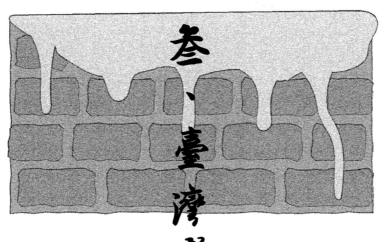

叁、臺灣選舉之民主素養

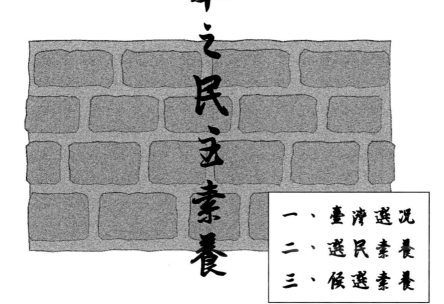

一、臺灣選況素養

二、選民素養

三、候選素養

　　所謂〝公民素養〞，係指公民素質之養成，其中〝公民〞乃指作為國家主人之資格，也就說有選舉權的選民，有別於國民之僅具國籍之國民身分者。在國民中年滿20歲，無其他消極條件，具有參政權之資格，得以行使選舉及被選舉權者始得謂之〝公民〞（現在滿18歲即有選舉權）。而〝素養〞則指必備之特質寓有性格與品質要件。其涵養之道，較重後天之教育養成。目的是在促進公民形成與具備現代社會所應有之質素。

　　共產社會與民主社會之間最大的不同，在於前者以領導人意志為依歸；後者以人民意志為依歸，各有優缺點。共產社會的優點，在於凡事取決於一人，無須他人同意，故只要是領導人想做的事，便能落實且快速的達成。如歐美須一個世紀以上的時間才做得到的事，大陸只用了30年，目前它的軍事力量，根據《國際防務網站〝全球火力〞公佈，位居世界第三；它的財務力量，根據《中國國家外匯管理局》公佈，截至2022年5月，外匯儲備總額為31,277.80億美元是世界第一；它的經濟力量，根據《全球競爭力報告（世界經濟論壇出版）》公佈，2019年GDP總量美國為20.937萬億美元；中國則為14.723萬億美元，經濟體位居世界第二，英國《經濟與商務研究中心（CEBR）》的報告預測說，中國GDP在2028年將達到33.57萬億美元，超過美國的32.27萬億美元，躍居世界第一。全世界也只有大陸做得到。但它的

缺點大致上是，沒有制衡的力量，萬一領導人走偏，國家、人民必受到很大的衝擊。

而民主社會的優點，在於人民的意志主導政府，個人無法胡作非為。它的缺點則是，政府須依人民的意志做事，而多數的人民常因利益、立場、情感等的不同，很難達成共識，以致紛紛擾擾，吵吵鬧鬧不可終日，造成很多政事無法推動、延宕、折扣等情事發生。

民主政治雖是時代的趨勢，但發展至今也非全然是好，也有很大的缺失，其中最大的缺點，便是政黨政治。所謂〝政黨政治〞，係指一個國家通過政黨來行使國家政權的一種形式：狹義上專指政黨執掌政權的活動，廣義上還包括了參與國家政權的行使，以及在國家的政治生活中，所處的地位和政黨為實現其黨綱而作出的一切活動。

政黨政治的功能，在以不同方式進入政治過程從而通過對國家權力的運作，以主導和影響政治過程。該進入政治過程的方式一種是通過合法選舉；另一種是通過政治革命或軍事政變，但通過政治革命或軍事政變，已被人民所唾棄。當政黨成為執政黨後，會通過控制議會和組織政府來執掌政權，從而將政黨意志上升為國家意志。而在野黨則會以監督或反對黨的方式來影響國家政權的行使。

　　政黨被看作是現代民主政體的強大支撐，但是政黨政治的運作所造成的官僚化與寡頭化也會帶來反民主的傾向。不斷擴大的政黨發展出專業化的政黨官僚來管理黨務，並越來越強調領袖的作用。隨之而來的是政黨把自身的生存作為首要任務，而可能忽視原來的目的，民眾對政黨的控制也會越發困難。[1]尤其是選舉人與被選舉人的民主素養普遍不足的社會，政黨或被選舉人容易為勝選而不擇手段，非理性的操弄選舉人，而選舉人也容易非理性的被操弄，以致在選舉季節，社會紛紛擾擾不可終日，即使在世界最民主國家之一的美國也是如此，《2021年美國國會大廈遭衝擊事件（2021 Storming of United States Capitol）》即是〝政黨政治〞典型的案例。

　　根據《支持衛報·消息·國會大廈襲擊:死去的五個人》格林威治標準時間2021年1月8日記者肯尼亞伊夫林在華盛頓的報導：據報導，42歲的警官布賴恩·

2020－2021年美國選舉抗議活動和2020年美國總統選舉顛覆企圖的一部分：圖片來源：《維基百科》

---

[1] 孫關宏，《政治學概論》，（上海：復旦大學出版社，2003年），p.269。

西克尼克（Brian Sicknick）在周三的騷亂中頭部被擊中，四名川普支持者也死亡。

家庭成員和執法部門已經確認了有關週三在一場針對美國的未遂叛亂中喪生的五人的更多細節，其中包括一名國會警察。

川普先生：圖片來源：
《維基百科》

其餘四人是唐納‧約翰‧川普的支持者，他們衝進美國國會大廈，試圖停止選舉團投票的計數，這將正式確定小約瑟夫‧羅賓內特‧拜登為現任總統的勝利。

「不敢稱他們為抗議者。他們是一群暴動的暴徒。起義者。國內恐怖分子。就是這麼基本。就這麼簡單。」拜登在回應週四的襲擊時說。

拜登先生：圖片來源：
《維基百科》

該報導的原文如下：

Capitol attack: the five people who died: Officer Brian Sicknick, 42, was reportedly struck in head during Wednesday's riot, while four Trump supporters also died。

Family members and law enforcement have confirmed more details on the now five people who died in an attempted insurrection against the United States on Wednesday, including a Capitol police officer.

The remaining four were among the supporters of Donald Trump who stormed the US Capitol, attempting to halt counts of electoral college ballots that would formally seal Joe Biden's victory over the incumbent president.

"Don't dare call them protesters. They were a riotous mob. Insurrectionists. Domestic terrorists. It's that basic. It's that simple," Biden said in response to Thursday's attack.[2]

　　臺灣雖也號稱世界最民主國家之一，然其人民之民主素養，更普遍不足，以致不管選舉人或被選舉人，經常非理性的操弄或被操弄選舉，其事件真不勝枚舉。2022年臺灣的地方選舉，馬上就要到來，大家可以拭目以待，不用筆者列舉過去的例子。

　　由此，臺灣選舉之民主素養單元，將分臺灣選況、選民素養，以及候選素養說明如下：

---

[2] Evelyn, K. (2021, January 8). Capitol attack: the five people who died in Washington. *The Guardian*. 。
https://www.theguardian.com/us-news/2021/jan/08/capitol-attack-police-officer-five-deaths 。

一、臺灣選況

臺灣的政黨現存有：

政黨編號	政黨名稱	現任負責人	成立日期	完成法人日期
1	中國國民黨	朱立倫	1894 年 11 月 24 日	1994 年 3 月 3 日
2	中國青年黨	林意珊	1923 年 12 月 2 日	2020 年 4 月 7 日
10	中國民眾黨	王明智	1987 年 11 月 21 日	2020 年 3 月 19 日
15	勞動黨	吳榮元	1989 年 3 月 29 日	2019 年 11 月 18 日
16	民主進步黨	蔡英文	1986 年 9 月 28 日	1993 年 9 月 27 日
73	公民黨	錢漢清	1993 年 3 月 7 日	2019 年 1 月 22 日
74	新黨	吳成典	1993 年 8 月 22 日	2020 年 3 月 31 日
79	綠黨	余筱菁、陳冠宇	1996 年 1 月 25 日	2019 年 11 月 1 日
80	家庭基本收入	黃建源	1996 年 4 月 4 日	2020 年 4 月 17 日
90	親民黨	宋楚瑜	2000 年 3 月 31 日	2019 年 6 月 18 日

臺灣選戰

政黨編號	政黨名稱	現任負責人	成立日期	完成法人日期
95	臺灣團結聯盟	劉一德	2001 年 8 月 12 日	2019 年 11 月 14 日
98	中華民族致公黨	陳柏光	2002 年 4 月 21 日	2019 年 8 月 20 日
101	臺灣工黨	晏揚清	2003 年 4 月 27 日	2019 年 12 月 5 日
106	無黨團結聯盟	林炳坤	2004 年 6 月 15 日	2019 年 11 月 26 日
107	尊嚴黨	莫錫麟	2004 年 6 月 20 日	2020 年 4 月 1 日
113	中華統一促進黨	何文智	2005 年 9 月 9 日	2019 年 12 月 26 日
151	中華婦女黨	塗明慧	2009 年 8 月 3 日	2019 年 8 月 22 日
153	人民最大黨	許榮淑	2009 年 9 月 26 日	2019 年 10 月 3 日
170	臺灣民意黨	黃天辰	2010 年 8 月 22 日	2020 年 2 月 25 日
179	中華照生黨	董冠富	2010 年 10 月 17 日	2019 年 11 月 26 日
188	正黨	林麗容	2011 年 6 月 15 日	2019 年 8 月 2 日
191	中華聯合黨	徐照雄	2011 年 7 月 23 日	2019 年 11 月 18 日
198	新華勞動黨	韓雲潔	2011 年 10 月 4 日	2020 年 4 月 20 日

政黨編號	政黨名稱	現任負責人	成立日期	完成法人日期
199	人民民主黨	鄭村棋	2011 年 10 月 2 日	2019 年 11 月 27 日
201	正義聯盟	何棋生	2011 年 10 月 16 日	2020 年 4 月 20 日
211	臺灣革命黨	李丨	2011 年 12 月 15 日	2020 年 5 月 1 日
219	臺灣進步黨	林國華	2012 年 3 月 21 日	2019 年 11 月 15 日
224	臺灣整復師聯盟工黨	陳秋隆	2012 年 5 月 1 日	2020 年 2 月 20 日
230	中華新住民黨	翁世維	2012 年 11 月 3 日	2019 年 11 月 18 日
236	新生黨	許水樹	2013 年 2 月 23 日	2018 年 10 月 26 日
240	司法正義黨	洪參民	2013 年 4 月 20 日	2020 年 5 月 1 日
250	中國國家社會主義勞工黨	項豪	2013 年 12 月 1 日	2019 年 12 月 18 日
255	勞工黨	溫國銘	2014 年 6 月 20 日	2019 年 12 月 10 日
257	天宙和平統一家庭黨	許惠珍	2014 年 7 月 20 日	2020 年 2 月 12 日
264	經濟黨	張采明	2014 年 12 月 3 日	2019 年 10 月 24 日
267	時代力量	陳椒華	2015 年 1 月 25 日	2019 年 7 月 15 日

政黨編號	政黨名稱	現任負責人	成立日期	完成法人日期
269	社會民主黨	丁勇言	2015 年 3 月 29 日	2019 年 7 月 31 日
272	自由臺灣黨	羅宜	2015 年 5 月 1 日	2020 年 2 月 25 日
290	臺灣君民黨	丁慶錡	2015 年 9 月 26 日	2018 年 1 月 23 日
292	聾國黨	楊炯煌	2015 年 10 月 18 日	2020 年 4 月 17 日
293	興中同盟會	李鎔任	2015 年 12 月 3 日	2020 年 1 月 6 日
295	全國人民黨	陳漢光	2016 年 1 月 23 日	2019 年 10 月 17 日
301	臺灣股票黨	林英賢	2016 年 5 月 3 日	2020 年 4 月 22 日
303	臺灣基進	陳奕齊	2016 年 5 月 15 日	2019 年 8 月 23 日
306	臺灣動物保護黨	鄭惠元	2016 年 8 月 8 日	2019 年 12 月 31 日
307	中華文化復興在理黨	蘭梁筱娟	2016 年 9 月 25 日	2020 年 2 月 7 日
310	青年陽光黨	高鼎宸	2016 年 10 月 5 日	2019 年 12 月 24 日
315	臺灣人民共產黨	林德旺	2017 年 2 月 4 日	2019 年 12 月 12 日
316	中國和平統一黨	張茂鈺	2017 年 3 月 22 日	2019 年 12 月 9 日

政黨編號	政黨名稱	現任負責人	成立日期	完成法人日期
319	宗教聯盟	朱武獻	2017 年 5 月 16 日	2019 年 4 月 24 日
321	臺灣學習黨	蔡勝弘	2017 年 5 月 24 日	2018 年 10 月 22 日
324	世界大同黨	王純傑	2017 年 7 月 15 日	2019 年 11 月 27 日
338	左翼聯盟	顏坤泉	2018 年 5 月 5 日	2018 年 11 月 5 日
339	中華愛國同心黨	張秀葉	2018 年 8 月 13 日	2019 年 11 月 20 日
340	臺灣經濟發展黨	顏久曜	2018 年 9 月 1 日	2019 年 8 月 7 日
342	合一行動聯盟	彭迦智	2018 年 11 月 27 日	2019 年 2 月 15 日
343	天一黨	賴光會	2018 年 12 月 2 日	2020 年 3 月 10 日
345	和合文化黨	劉昶緯（代理）	2019 年 5 月 15 日	2020 年 5 月 15 日
346	安定力量	李伯利	2019 年 5 月 25 日	2019 年 12 月 26 日
347	中國紅色統一黨	黃榮章	2019 年 6 月 16 日	2019 年 8 月 30 日
348	喜樂島聯盟	羅仁貴	2019 年 7 月 20 日	2020 年 7 月 10 日
350	臺灣民眾黨	柯文哲	2019 年 8 月 6 日	2019 年 9 月 16 日

政黨編號	政黨名稱	現任負責人	成立日期	完成法人日期
353	統一聯盟黨	戚嘉林	2019 年 4 月 13 日	2019 年 11 月 14 日
354	基層聯盟	楊鑫坤	2019 年 8 月 8 日	2019 年 10 月 5 日
355	臺澎黨	鄭自才	2019 年 6 月 30 日	2019 年 10 月 28 日
356	臺灣維新	蘇煥智	2019 年 8 月 24 日	2020 年 5 月 8 日
357	小民參政歐巴桑聯盟	張淑惠	2019 年 9 月 21 日	2020 年 9 月 18 日
360	國家公義運動黨	胡瓏智	2019 年 10 月 30 日	2020 年 11 月 20 日
363	道政聯盟	楊玉華	2019 年 12 月 6 日	2020 年 12 月 11 日
364	商工統一促進會	曾建祥	2020 年 1 月 12 日	2020 年 3 月 6 日
366	臺灣雙語無法黨	蕭文乾	2020 年 1 月 19 日	2020 年 5 月 14 日
367	夏潮聯合會	曾舜旺	2019 年 11 月 9 日	2021 年 2 月 4 日
368	金色力量黨	童仲彥	2020 年 1 月 19 日	2020 年 4 月 17 日
369	中國庶民黨	蔣臨沂	2020 年 2 月 27 日	2020 年 10 月 16 日
370	臺灣新住民黨	麥玉珍	2020 年 1 月 1 日	2021 年 4 月 1 日

政黨編號	政黨名稱	現任負責人	成立日期	完成法人日期
371	前進黨	楊悟空	2020 年 8 月 9 日	2020 年 9 月 26 日
372	臺灣澎友黨	莊吉雄	2020 年 8 月 22 日	2021 年 5 月 19 日
374	中華文化共和黨	許佑宇	2021 年 4 月 18 日	2021 年 8 月 2 日
375	正神名黨	許榮德	2021 年 5 月 9 日	2021 年 11 月 25 日
376	更生黨	石啓明	2021 年 12 月 24 日	（未登記）

圖表來源：《維基百科》

　　臺灣的政黨現存有80個左右，參與選舉活動依2018年臺灣地方選舉的統計，則有：中國國民黨、民主進步黨、民國黨、樹黨、金門高粱黨、教科文預算保障e聯盟、時代力量、親民黨、無黨團結聯盟、臺灣團結聯盟、綠黨、新黨、勞動黨、社會民主黨、中華民族致公黨、基進黨、信心希望聯盟、青年陽光黨、中華統一促進黨、左翼聯盟、軍公教聯盟黨、新華勞動黨、人民民主黨、中華民國國政監督聯盟、臺灣人民共產黨、公民黨、皇君人民政黨、臺灣整復師聯盟工黨、中國民主進步黨、正黨、新政世紀黨、愛心黨、全民生活政策黨、自由臺灣黨、臺灣前進黨、華裔和合黨、新生黨、天宙和平統一家庭黨、臺灣學習黨、正義聯盟、世界大同黨、中國

國家社會主義勞工黨、農民黨、全國人民黨、中華文化民主黨、臺灣進步黨、聲國黨、經濟黨等48個政黨參加選舉。

雖是如此，但在地方選舉獲得最多席次的，也是最主要的兩大黨，為中國國民黨與民主進步黨，其次為時代力量，以及後來成立的臺灣民眾黨等。中央選舉的正副總統選舉，則由中國國民黨與民主進步黨兩黨輪流當選，而立法委員選舉，這兩大黨也幾乎囊括所有席次，亦幾乎沒有其他政黨，尤其是無黨籍人士生存的空間。

以最近第十屆立法院立法委員為例，該屆立法院席次總計113席，包括73席單一選區選出的區域立法委員、6席平地和山地原住民選舉區選出的原住民立法委員，以及34席由比例代表制選出的全國不分區及僑居國外國民立法委員。其中，中國國民黨39席；民主進步黨61席，這兩黨合計100席，占88.5%；其餘各黨及無黨籍才13席，占11.5%。其各黨分布如下表，這便是目前臺灣的選況。

數據比較	席次分佈							席次總數
	民主進步黨	中國國民黨	台灣民眾黨	時代力量	台灣基進	無黨籍	缺額	
第10屆立院最初[註4]	61	38	5	3	1	5	0	113
2021年10月16日[註5]	60	38	5	3	1	6	0	113
2021年10月23日[註6]	60	38	5	3	0	6	1	113
2021年11月20日[註7]	60	39	5	3	0	5	1	113
2022年1月9日[註8]	61	39	5	3	0	5	0	113
第10屆立院現在	61	39	5	3	0	5	0	113

圖表來源：《維基百科》

二、選民素養

臺灣選舉最常見之威逼利誘、抹黑造謠、利用情感、製造對立，以及漫批口水等惡質文化，為何會長期存在，乃因政治人物迎合選民的愛好所致。因此，坊間流行一句話：「國民黨會治國，但不會選舉；民進黨不會治國，但很會選舉。」難怪！國民黨這家百年老店，常輸給民進黨這家36年新店。可見，臺灣選舉之惡質文化，非政治人物之過，乃因選民民主素養的問題。

綜觀臺灣選民的民主素養，感性大過於理性，以及愛看熱鬧的國民性，以致產生這些惡質文化長期存在的原因。其中，感性大過於理性，自然遠超越客觀理性的判斷，隨著情感的觸發而起舞，這種國民性最容易讓政治人物訴諸情感的操弄。讀書所為何事？一為創造美麗幸福的人生；二為明辨是非。一個人若沒有明辨是非的能力，讓政治人物牽著鼻子團團轉，實在可悲！難怪詐騙集團最喜歡騙臺灣人。根據刑事警察局統計，去年（110年）詐欺案件發生數近2萬4千餘件，財產損失金額約新臺幣50億餘元。

至於愛看熱鬧的國民性，根據《每日頭條‧愛「看熱鬧」，人之重症》2019年7月12日由世間百態冷揭祕發表于美文說：國人愛看熱鬧，其歷史之久，熱情之高，

痴迷之深，讓人瞠目。君不見，兩狗相鬥，人圍而觀之；倆人吵架，人聚而奇之；有人跳樓，人喜而勵之；有人遭難，人樂而道之。很多人覺得這是「好熱鬧」，其實「好熱鬧」與「看熱鬧」是兩碼事。好熱鬧是參與，是融眾，是交流，而看熱鬧是泄怨氣，是尋刺激，是看笑話。人為什麼愛看熱鬧呢？麻木。人麻木了，則無痛感，是非不分，善惡不辨，失去了同情心、友善心，故渴求刺激，尋求快感，以別人的苦來換取自己的樂。浮躁……人若心浮氣躁、戾氣盈胸了，即使衣食無虞，然鬱悶難忍，心情壓抑，故期盼著出點是非，圍而觀之，高呼狂喊，是一種發泄，一種平衡，一種快感。無聊。無聊則孤寂，無聊則熬煎，無聊則易無事生非。人無聊了，就想看熱鬧，無熱鬧可看了，就會談人隱私，編點緋聞，說點閒話，煽風點火，造點事端……缺乏思想，精神匱乏。人若無思想、沒有靈魂了，則不能獨立思考、探尋本真，如飄葉，似枯草，聞風則動，聞言則迷，無主見，無深識，人云亦云，隨波逐流。所謂一犬吠形，眾犬吠聲。看熱鬧者，並不覺得自己麻木、浮躁、無聊、沒有思想，相反，他會覺得自己清醒、沉穩、懂趣、深刻理性。天下至悲莫過於不知己之悲、不知己之哀！這篇文章雖說得很重，卻有其道理存在。

《百度百科‧Bai知道‧拜托！誰能幫我解釋〝中國人愛看熱鬧〞的文化本質原因》2010年7月26日snake_I

亦回答說：對中國人愛看熱鬧的心理分析：①這是一種羊群心理。頭羊走哪裡，其他的羊也走哪裡。還有就是一種眼紅的心理了，覺得別人在看什麼東西很有意思，我沒看見就覺得損失了，不能光讓別人佔便宜，我也要有意思。②這是心理觀了，可能是傳統問題，好奇心重。古有〝好事不出門，壞事傳千里嘛！〞③看熱鬧只是有業餘時間的人或好奇的人才去。騙子多了，看熱鬧的人也會逐漸減少。在利益的驅使下，才能讓人們下意識的做出本能的選擇。④是中國人的劣根性，這是魯迅先生分析的國人的看客心理。

魯迅在《示眾》小說中也說：「有一回，我竟在畫片上忽然會見我久違的許多中國人了，一個綁在中間，許多站在左右，一樣是強壯的體格，而顯出麻木的神情。據解說，則綁著的是替俄國做了軍事上的偵探，正要被日軍砍下頭顱來示眾，而圍著的便是來賞鑒這示眾的盛舉的人們。這一學年沒有完畢，我已經到了東京了，因為從那一回以後，我便覺得醫學並非一件緊要事，凡是愚弱的國民，即使體格如何健全，如何苗壯，也只能作毫無意義的示眾的材料和看客，病死多少是不必以為不幸的。所以我們的第一要著，是在改變他們的精神，而善於改變精神的是，我那時以為當然要推文藝，於是想提倡文藝運動了。」該篇小說很深刻的暴露國人麻木不仁的看客心態。

　　臺灣2022年底的地方選舉，如火如荼的展開，原本問政理性溫和的〝蔣萬安〞，在競選臺北市長時，他並不打口水戰，卻被選民批評太沒魄力，蔣萬安只得左批陳時中，右罵黃珊珊，火力全開，熱鬧非凡，以符合選民的胃口。根據《Yahoo奇摩》8月15日起針對臺北市長選情進行網路民調顯示：國民黨的蔣萬安以41.1%看好度奪冠，民眾黨支持的黃珊珊獲得19.5%，民進黨的陳時中則以12.9%墊底，但認為「不知道／沒意見」的民眾竟高達21.6%，比黃的民調還高，可見不少民眾對於臺北市長人選仍持觀望態度。

　　可見，惡質文化在臺灣能長期的存在，並不是政治人物願意破壞自己的形象，乃為了迎合選民〝愛看熱鬧〞的壞毛病所致，鬧得越大越熱鬧，選民就越叫好，越認為有魄力，不然他就沒有選票。選舉是政治人物的舞臺，一個失去舞臺的人，他還會有明天嗎？

三、候選素養

　　臺灣的政治人物，大多數是政客，極為少數才是政治家。所謂的〝政客〞，即是以政治活動為專業，缺乏政治理想，但求個人利益，不擇手段的政治人物謂之；所謂的〝政治家〞，即是以政治活動為專業，有政治理想，公益大於私利，並堅守職業道德的政治人物謂之。

　　臺灣惡質文化的產生，選民固然要負很大的責任，但一個政治家不能為了選票而隨波逐流，譁眾取寵，應知所為而不忘初衷，有理想有原則，才不會成了政客。然而，臺灣2022年底的地方選舉，以目前來看，各地方的候選人還是以批評對手，尤其是現任者的政績為主軸，縱有提出政策也被口水戰所淹沒，惡質文化依舊。

　　茲以六都市長選舉為例[3]：臺北市長候選人有：國民黨蔣萬安、民進黨陳時中、維新黨蘇煥智、動保黨張家豪、臺澎黨黃聖峰、無黨籍黃珊珊、無黨籍童文薰、無黨籍鄭匡宇、無黨籍施奉先、無黨籍唐新民、無黨籍王文娟，以及無黨籍謝立康。蔣萬安質疑對手黃珊珊，占用行政資源選舉，行政不中立等；批評陳時中，遲不公開疫苗採購資訊，也不公開高端疫苗的採購價格及效力，……陳時中謊話連篇，說一個謊，要用更多的謊來圓等。而陳時中批評對手黃珊珊，之前擔任內湖區的市議員多年，當地交通依舊無解，顯示她根本無作為等；批評蔣萬安，若要批評，應先對工程內容有了解，提政策要用腦筋並有專業幫助，批評也要用腦筋並有專業幫助，這樣才是良性政策對話，而不是廉價的批評等。黃珊珊則批評對手蔣萬安與陳時中，不要以為在臺北市提一個〝豬頭〞就能當選等。蘇煥智批評陳時中，公廁政

3　該等言論，引自各大電視、報紙、網路等新聞，在本書完成之前，沒有新聞者，無從引述，也有可能是漏網之魚，筆者在此先致歉。

策是撒大錢卻維護困難的政策等。童文薰批評陳時中，內湖交通政策與這個免治馬桶政策都一樣，用的是〝神隱少女〞裡無臉男的方法到處灑金子，但這樣就能解決問題，得到眾人的喜愛嗎？批評蔣萬安，競選 LOGO 涉嫌抄襲，臺灣第三勢力〝無限可能大聯盟〞早在 2018 年就使用這個 LOGO 了，身為律師的蔣萬安怎麼使用前沒有先進行商標權註冊查詢？如果連這種事都疏忽，會認為在當律師上面是不及格的，從政也是有點掉漆等。

新北市長候選人有：國民黨侯友宜，以及民進黨林佳龍。侯友宜批評對手林佳龍，宣布參選新北市長已經快兩個月，至今連新北市的行政區名字都會記錯，整天就是把辯論掛在嘴上，狂潑政治髒水……〝四大皆空〞的政見口號，更沒有任何具體論述，只有每天不斷巴著議員，填補自己的空虛心理，看在民眾眼中，根本是〝小雞帶母雞〞、〝跟著導遊的觀光客〞……要參選市長，請先對市民負起責任，提出有建設性的政見，不要整天只想找人吵架，〝不讀書的學生，就靜下心學習，否則只會重演4年前臺中市長選舉的狀況，被民眾重重死當〞等。林佳龍則批評對手侯友宜，新北市的建設不具宏觀性，社會福利已遭桃園、基隆超越了，新北市最大的問題，就是市長出了問題的看法等。

桃園市長候選人有：民進黨鄭運鵬、國民黨張善政、民眾黨賴香伶，以及無黨籍鄭寶清。鄭運鵬批評對

手張善政，國民黨傾全力對論文案施加政治壓力，迫使民進黨屈服，而張善政扮演的角色、一貫的選舉方式就是配合國民黨隨波逐流，諷張善政有如〝膝跳反應〞等。張善政則批評對手鄭運鵬，不尊重學術倫理，撤銷學位是多位教授共同決定，綠營不該妄想政治可凌駕學術自由等。而賴香伶批評對手鄭運鵬與張善政，對桃園真的很不公平，奉勸民進黨參選人鄭運鵬不要再幫別人圓謊，勇敢面對審定結果，而國民黨參選人張善政事件發生時沉默不敢講真話，事後才追打一點也不光明磊落等。

臺中市長候選人有：國民黨盧秀燕、民進黨蔡其昌，以及無黨籍陳美妃。蔡其昌批評對手盧秀燕，4年來都跟中央處在敵對緊張的狀況，她也不積極去跟中央溝通、去要預算，我想她也沒有心，這4年來都不去做這些事情，所以當然臺中的建設會緩慢。盧秀燕則回應說，民眾的反應才是我們真正施政的目標，如果做了半天民眾不領情，甚至反感的話，那個預算都浪費掉。蔡其昌再批盧市長應該要多加油啦！我想想要當媽媽市長就應該要真的，下面要照顧嬰幼兒讓臺中家暴不要再有，上面就要孝順公婆嘛，這個把公婆孝順成讓他們，在太陽底下曬太陽然後甚至中暑，這個媳婦當的不是太稱職。蔡其昌認為疫苗已經打到第4劑，照理來說分流施打上應該也有很多經驗了，希望中市府能盡速改善問題；盧秀燕上任4年，沒有替豐原規劃半項，也沒有對

豐原未來提出願景及行動力，現在做好的，都是林佳龍時代規劃的項目。如果市長沒有能力為豐原做改變，沒有心讓原縣區迎頭趕上，臺中人只有一步，就是11月26日做夥換市長，讓蔡其昌來做；盧市府從4月掩蓋、包庇到現在才願意處理（臺中房思琪案），無法讓人放心，市長不能再當自己是個路人，應盡速組成專案小組、讓遲來的公平正義得以伸張等。盧秀燕並無回應，也許不願意打口水戰，或沒找到他回應或批評蔡其昌的新聞。

臺南市長候選人有：民進黨黃偉哲、國民黨謝龍介、無黨籍許忠信、無黨籍林義豐，以及無黨籍吳炳輝。謝龍介揭露臺南市長黃偉哲〝桃山宴〞納骨塔弊案，今天他具狀告發納骨塔業者李瑞祥，涉嫌行賄市長黃偉哲，強調已將在臺北召開記者會相關資料交給南檢，也會繼續蒐證調查本案，以求水落石出等。黃偉哲則回應說，此為惡意抹黑之選舉手段，企圖影響社會大眾對他本人清廉形象之判斷，他要嚴厲譴責謝龍介與所有想以此達成不法目的之特定人士，為捍衛自身清白，他將提起誹謗告訴，並追究相關法律責任。許忠信酸謝龍介撿到槍不會用，今舉行記者會，指黃偉哲接獲業者陳情，接受款待還找來律師友人處理此案，有辱官箴也違反公務員服務法，應受懲戒；臺南市政府法制處回應，許忠信指控非事實，也誤解法令，實為選舉不良示範等。林義豐則質疑黃偉哲，市府結合國有土地進行兩面手法操

作，將蛋黃區土地採用合建方式，將土地無償提供給建商蓋住宅，將所分得有限的數戶轉作社會住宅，再對外號稱政府照顧青年族群與弱勢團體，其實是市府官商利益勾結的五鬼搬運方法等。黃偉哲回應說，社會住宅是實現居住正義的重要方式，在市長內任不僅率先推動囤房稅，更從無到有規畫社會住宅7千戶，目前已動工2千戶以上；林義豐先生是建商起家，從房市中得利，卻刻意將社會住宅污名化，我們不願意揣測其動機為何！面臨全國房價上漲，臺南市議會有許多同仁已要求市府盡快透過各種管道增加社宅數量等。

高雄市長候選人有：民進黨陳其邁、國民黨柯志恩、無黨籍鄭宇翔，以及無黨籍曾尹儷。柯志恩批評對手陳其邁，大樹、鳥松、大社、仁武都沒有積極規劃運動中心，淪為次等公民。高雄市運發局則反駁，相較於韓市府時期，一座都沒有，顯見韓市府一點也不重視體育發展，而陳其邁上任後，卻是利用兩年時間拚出13座。柯志恩再批評高雄觀光，不能只有舉辦煙火般的活動，舉辦完人潮就流失，若高雄的觀光只靠幾隻小海豹，活動後終究會再次蕭條。陳其邁則回應說，高雄市是屬於所有市民的一個城市，最可貴的就是可以發揮想像力，對於高雄的想像或對於未來的一個想像，每個人都可以在這裡來追逐自己的夢想跟理想；柯志恩錯了，她完全不理解臺灣這種文創的力量，跟整個年輕人熱情奔

放的創造力，所以我們在高雄是一個人家說的〝海口〞，本來就是鼓勵這種多元創作，展現城市的文化，然後展現城市的力量，其實最好的就是我們在文創產業。柯志恩批評，市長陳其邁推動社宅慢半拍，讓高雄成六都後段班，更質疑到底是為了選舉〝提前〞舉辦動土？還是為了選舉〝拖到〞近日辦動土？對此，陳其邁回應表示，市政是一步一腳印，不管是社會住宅的興建，或是日照中心等。陳其邁僅做回應，並沒有主動攻擊對手，也許不願意打口水戰，或沒找到他回應或批評柯志恩的新聞。

候選人不是不能批評，但不能流於口水戰，應多提政見來說服選民，是可行的政見，不是畫大餅，否則便是欺騙選民。可見，各地方候選人的民主素養，普遍不足，還有提升的空間。

李宗吾《厚非學》上云：「最初民風渾樸，不厚不黑，忽有一人又厚又黑，眾人必為所制，而獨占優勢。眾人看了，爭相仿效，大家都是又厚又黑，你不能制我，我不能制你。獨有一人，不厚不黑，則此人必為街人所信仰，而獨占優勝。」

天道循環，四時更替；地道環繞，終始如一；人道運行，新舊輪迴，這是自然界永恆不變的真理。臺灣選舉又厚又黑的惡質文化，已流行近40年，有部分選民早已厭倦而覺醒，再過些時日，當多數民心思變，定會迎

來民風渾樸，不厚不黑的選舉環境，惡質文化將自然的銷聲匿跡。

　　總的來說，臺灣選舉之民主素養，不管是選民或是候選人，皆普遍不足。要改善臺灣這種惡質文化的存在，有兩種方法：其一為臺灣選民民主素養的提升，能客觀理性的判斷，用選票拒絕惡質文化的產生，明天才會更好；其二為候選人民主素養的提升，不以惡質文化取勝，縱落選也要留下民主風範，過些時日，人民自然會敬仰。

　　根據《厚非學》的理論，現在的候選人只要有人能溫和理性問政，以如何帶領人民走向幸福的政見為主軸，不帶任何惡質文化，一定可以得到選民的共鳴，進而支持該候選人。縱然落選，也是時機未到，只要再接再厲，選民自然會比較。一個溫和理性問政的政治家，一個畫大餅滿嘴口水的政客，選民會支持誰？可想而知，進而蔚然成風。目前因沒有政治人物率先站出來，溫和理性的問政以做為表率，選民沒得比較，才會導致惡質文化依舊盛行。

　　當然，如果選民與候選人，同時雙雙提升民主素養，自然事半功倍，早日還臺灣一個安靜又乾淨的選舉環境，臺灣才是名符其實的民主社會，是臺灣人民之福也。

肆、臺灣選舉之區域劃分

一、地方席位
二、中央席位

　　臺灣的地方選舉，乃依據中華民國的行政區域劃分，來制定地方選區，故要談地方選舉，必先了解行政區域的劃分，才能確定其席位，以及參選人的選區。在民國34（1945）年，中華民國政府接管臺灣時，臺灣省行政長官公署將原臺灣總督府依據臺灣市制所劃設之州廳改為8個縣，即臺北縣、新竹縣、臺中縣、臺南縣、高雄縣、花蓮縣、臺東縣、澎湖縣；與9個省轄市，即基隆市、臺北市、新竹市、臺中市、彰化市、嘉義市、臺南市、高雄市、屏東市，以及宜蘭、花蓮2個縣轄市。

　　原州轄市改為省轄市時，其下原市轄區沿用，並整併〝區〞的行政區域，如：臺北市初劃為61區，完全沿用州轄市時期之區域劃分，隔年整併為10區；高雄市將原州轄市32區整併為19區，隔年亦整併為10區；原州轄之郡亦改名為區，層級介於縣與鄉、鎮之間，但此過渡性行政區域劃分不久後便裁撤。此等改革，成為今日〝區〞行政區域劃分之基礎。臺灣目前有6個院轄市、13個縣及3個省轄市。其中，6個直轄市分別為臺北市、新北市、桃園市、臺中市、臺南市、高雄市；13個縣分別為新竹縣、苗栗縣、彰化縣、南投縣、雲林縣、嘉義縣、屏東縣、宜蘭縣、花蓮縣、臺東縣、澎湖縣、金門縣、連江縣；3個省轄市分別為基隆市、新竹市及嘉義市。而全國的鄉、鎮、市、區則共有368個。

　　院或省的直轄市及市的區長，一般由所屬之直轄市

市長指派，僅設置〝區公所〞作為行政機關，不設立法機關。然直轄市山地原住民區例外，它由於2014年因應《地方制度法》修法，使原山地鄉改制的直轄市山地原住民區，重新獲得地方自治團體身分，具有公法人地位，故其區長由區民選舉產生，並設置區民代表會，由區民選舉區民代表會代表。也就是說，院或省的轄市選舉有：市長、市議員，以及山地原住民區區長與區民代表。

　　中央公職人員選舉有：總統、副總統，以及立法委員選舉等2種。地方公職人員選舉有：直轄市長、直轄市議員、縣（市）長、縣（市）議員、鄉（鎮、市）長、鄉（鎮、市）民代表、直轄市原住民區長、直轄市原住民區民代表，以及村（里）長選舉等9種。其中之直轄市原住民區長、直轄市原住民區民代表，以及村（里）長選舉等，因區域太小，數量太大，故本文不論。目前所有中央公職人員選舉係合併同時辦理，地方公職人員選舉也是合併同時辦理，且任期皆為四年一任，並得連選連任一次，唯立法委員得連選連任不受限制。茲以地方席位與中央席位說明如後：

一、地方席位

地方公職人員選舉候選人的資格,直轄市長和縣市長要年滿30歲,鄉鎮市長要年滿26歲,議員民代要年滿23歲,具有中華民國國籍,並在各該選舉區連續居住4個月以上。

第三次九合一地方公職人員選舉,將於2022年11月26日舉行。本屆選舉之院轄市有6都,選出新一屆的市長、市議員、里長、山地原住民區長、區民代表,以及臺灣省[1]轄下11縣3市和福建省轄下2縣,選出新一屆的縣市長、縣市議員、鄉鎮市長、鄉鎮市民代表、村里長。並於同年12月25日就職。

區域劃分決定地方席位,故以院轄市與省轄縣市分別說明如下:

1·院轄市:

臺北市在1968年由省轄市升格為院轄市時,將原隸屬臺北縣的景美鎮、南港鎮、木柵鄉、內湖鄉,以及陽明山管理局所屬之士林鎮、北投鎮等6個鄉鎮劃歸臺北市管轄,並皆改稱為區。在1990年,臺北市重劃行政區,

---

[1] 臺灣省為虛級化,非裁撤,採用區域聯合服務中心服務。

將原來16個區調整為今日的中正區、萬華區、大同區、中山區、松山區、大安區、信義區、內湖區、南港區、士林區、北投區和文山區等12區。重劃情形大致為，龍山區、雙園區及古亭區西側合併為萬華區；城中區、古亭區中部合併為中正區；古亭區東側與松山區中西

圖片來源：《維基百科》

部併入大安區；大安區東側與松山區南半部劃出新設信義區；景美區、木柵區合併為文山區；建成區、延平區併入大同區。該市計可選出市長1人，市議員63席。

高雄市也在1979年升格為院轄市時，亦將原屬高雄縣之小港鄉併入為第11區。2010年中華民國縣市改制直轄市時，參與改制的臺北縣、臺中縣、臺南縣，以及高雄縣等原下轄之鄉、鎮、縣轄市全數改為區。

新北市由原臺北縣改制而來。新北市轄下共29個區，係由原臺北縣所轄的10個縣轄市、4個鎮，以及15個鄉改制而來，即板橋區、三重區、中和區、永和區、新莊區、新店區、土城區、蘆洲區、樹林區、鶯歌區、

三峽區、淡水區、
汐止區、瑞芳區、
五股區、泰山區、
林口區、八里區、
深坑區、石碇區、
坪林區、三芝區、
石門區、金山區、
萬里區、平溪區、
雙溪區、貢寮區，
烏來區為山地原住
民區。該市計可選
出市長1人，市議
員66席。

　　臺中市由原臺
中縣市合併改制而
來。臺中市轄下共
29個區，係由原省
轄臺中市8個區，
臺中縣21鄉鎮市
改制而來，即中
區、東區、南區、
西區、北區、北屯
區、西屯區、南屯

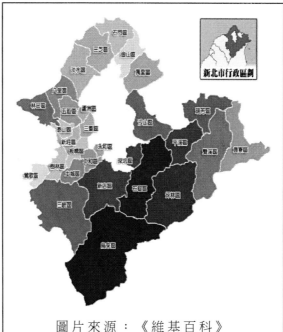

圖片來源：《維基百科》

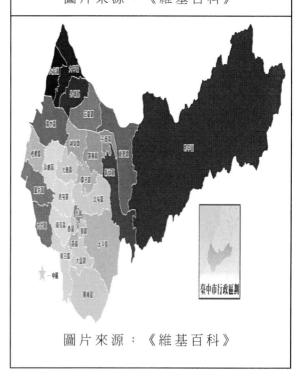

圖片來源：《維基百科》

區、太平區、大里區、霧峰區、烏日區、豐原區、后里區、石岡區、東勢區，和平區為山地原住民區，新社區、潭子區、大雅區、神岡區、大肚區、沙鹿區、龍井區、梧棲區、清水區、大甲區、外埔區、大安區。該市計可選出市長1人，市議員65席。

　　臺南市由原臺南縣市合併改制而來。臺南市轄下共37個區，係由原省轄臺南市6個區，臺南縣31鄉鎮市改制而來，即中西區、東區、南區、北區、安平區、安南區、永康區、仁德區、歸仁區、關廟區、龍崎區、新化區、左鎮區、玉井區、楠西區、南化區、官田區、麻豆區、佳里區、西港區、七股區、將軍區、學甲區、北門區、新營區、後壁區、白河區、東山區、六甲區、下營區、柳營區、鹽水區、善化區、大內區、山上區、新市

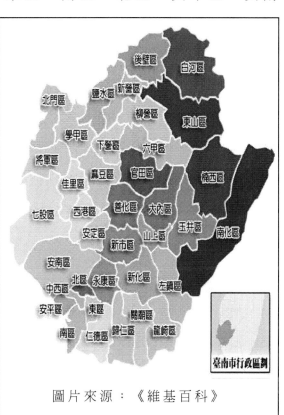

圖片來源：《維基百科》

區、安定區。該市計可選出市長1人，市議員57席。

高雄市由原直轄高雄市與臺灣省高雄縣合併為一新直轄市，仍名為〝高雄市〞。合併改制後，原高雄市11個區與原高雄縣27個鄉鎮市，合併成38個區，即鹽埕區、鼓山區、左營

圖片來源：《維基百科》

區、楠梓區、三民區、新興區、前金區、苓雅區、前鎮區、旗津區、小港區、鳳山區、林園區、大寮區、大樹區、大社區、仁武區、鳥松區、岡山區、橋頭區、燕巢區、田寮區、阿蓮區、路竹區、湖內區、茄萣區、永安區、彌陀區、梓官區、旗山區、美濃區、六龜區、甲仙區、杉林區、內門區，茂林區與桃源區及那瑪夏區為山地原住民區。該市計可選出市長1人，市議員66席。

而桃園縣人口數在2010年6月7日突破200萬人，依照中華民國《地方制度法》，於2011年1月1日起準用直轄市之編制，並於2014年改制為直轄市，名稱定為〝桃

園市〞。桃園市轄下13個區，係由原縣轄鄉鎮市一併改制為區，即桃園區、八德區、龜山區、蘆竹區、大園區、大溪區、中壢區、平鎮區、楊梅區、龍潭區、新屋區、觀音區，復興區為山地原住民區。該市計可選出市長1人，市議員63席。

2·省轄縣市：

新竹縣在1950年調整行政區域，原省轄新竹市7個地區改為4區1鎮2鄉，與原新竹縣所屬新竹區的2鎮3鄉、竹東區的

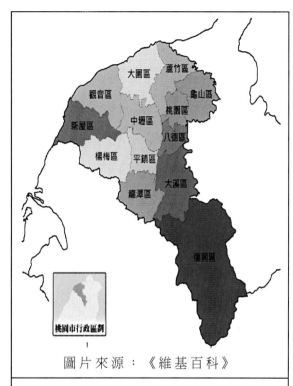

圖片來源：《維基百科》

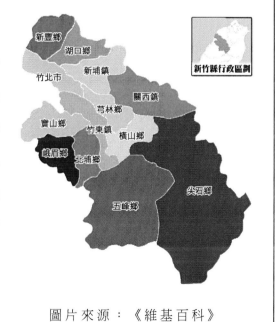

圖片來源：《維基百科》

4鄉、新峰區的尖石鄉、五峰鄉等4區14個鄉鎮合併獨立為新竹縣，轄4區、3鎮、11鄉。1951年再將東、西、南、北四區撤銷，合併組成縣轄新竹市，縣政府所在地設於原新竹市；1982年新竹市與香山鄉合併升格為省轄市，市縣再度分別治理，並將縣府遷建於竹北鄉，下轄3鎮、10鄉。1988年竹北鄉升格為縣轄市，目前全縣共轄有13個鄉鎮市：即1市，竹北市；3鎮，即竹東鎮、新埔鎮、關西鎮；9鄉，即湖口鄉、新豐鄉、峨眉鄉、寶山鄉、北埔鄉、芎林鄉、橫山鄉，尖石鄉與五峰鄉為山地原住民鄉。該縣計可選出縣長1人，縣議員36席；鄉鎮市長13人，鄉鎮市民代表139席。

苗栗縣在1950年調整行政區域，將新竹縣所屬苗栗地區的3鎮5鄉、竹南區的2鎮4鄉，以及大湖區的4鄉等18個鄉鎮合併獨立為苗栗縣，縣政府設於苗

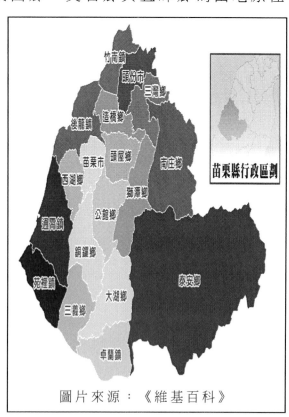

圖片來源：《維基百科》

栗鎮，下轄4鎮、14鄉。1951年後龍鄉改制後龍鎮、卓蘭鄉改制卓蘭鎮；1981年苗栗鎮改制為縣轄市；2015年頭份鎮改制為縣轄市，目前全縣下轄18個鄉鎮市，即2市，苗栗市與頭份市；5鎮，即竹南鎮、後龍鎮、通霄鎮、苑裡鎮、卓蘭鎮；11鄉，即造橋鄉、西湖鄉、頭屋鄉、公館鄉、銅鑼鄉、三義鄉、大湖鄉、獅潭鄉、三灣鄉、南庄鄉，泰安鄉為山地原住民。該縣計可選出縣長1人，縣議員38席；鄉鎮市長18人，鄉鎮市民代表193席。

　　彰化縣在1950年調整行政區域，原省轄彰化市彰北、彰西、彰南、大竹4個地區，與臺中縣彰化區的2鎮5鄉、員林區的3鎮6鄉，以及北斗區的2鎮6鄉等24個鄉鎮合併獨立為彰化縣，並自線西鄉分出伸港鄉，共下轄4區25個鄉鎮。1951年將彰北、彰西、彰南、大竹四區裁撤組成縣轄彰化市，並為彰化縣縣政府所在地。2015年員林鎮升

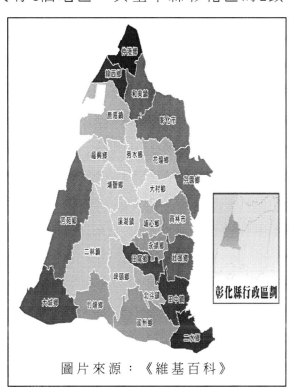

圖片來源：《維基百科》

格為縣轄市，目前全縣下轄26個鄉鎮市，即2市，彰化市與員林市；6鎮，即和美鎮、鹿港鎮、溪湖鎮、二林鎮、田中鎮、北斗鎮；18鄉，即花壇鄉、芬園鄉、大村鄉、永靖鄉、伸港鄉、線西鄉、福興鄉、秀水鄉、埔心鄉、埔鹽鄉、大城鄉、芳苑鄉、竹塘鄉、社頭鄉、二水鄉、田尾鄉、埤頭鄉、溪州鄉。該縣計可選出縣長1人，縣議員54席；鄉鎮市長26人，鄉鎮市民代表304席。

　　南投縣在1950年調整行政區域，將臺中縣所屬南投地區的2鎮2鄉、玉山區的1鎮1鄉、能高區的1鎮1鄉、竹山區的1鎮1鄉、中峰區的信義鄉，以及仁愛鄉等12個鄉鎮合併獨立為南投縣，並自集集鎮分出水里鄉，縣政府所在地設於南投鎮，下轄5鎮、8鄉。1981年南投鎮升格為縣轄市，目前全縣下轄13個鄉鎮市，即1市，南投市；4鎮，即埔里鎮、草屯鎮、

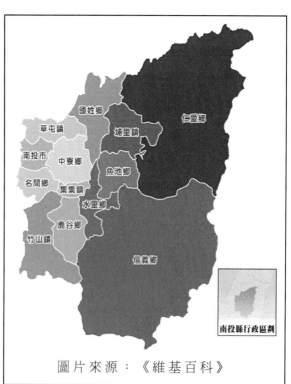

圖片來源：《維基百科》

竹山鎮、集集鎮；8鄉，即名間鄉、鹿谷鄉、中寮鄉、魚池鄉、國姓鄉、水里鄉，仁愛鄉與信義鄉為山地原住民鄉。該縣計可選出縣長1人，縣議員37席；鄉鎮市長13人，鄉鎮市民代表163席。

雲林縣在1950年調整行政區域，將臺南縣斗六地區的2鎮4鄉、虎尾區的3鎮6鄉，以及北港區的1鎮4鄉等20個鄉鎮合併獨立為雲林縣，縣政府所在地設於斗六鎮，下轄6鎮、14鄉。1981年斗六鎮升格為縣轄市，目前全縣下轄20個鄉鎮市，即1市，斗六市；5鎮，即斗南鎮、虎尾鎮、西螺鎮、土庫鎮、北港鎮；14鄉，即古坑鄉、大埤鄉、莿桐鄉、林內鄉、二崙鄉、崙背鄉、麥寮鄉、東勢鄉、褒忠鄉、臺西鄉、元長鄉、四湖鄉、口湖鄉、水林鄉。該縣計可選出縣長1人，縣議員43席；鄉鎮市長20人，鄉鎮市民代表228席。

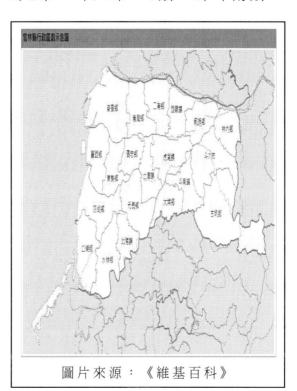

圖片來源：《維基百科》

　　嘉義縣在1950年調整行政區域，原省轄嘉義市6個地區改制為4鎮2鄉，與臺南縣嘉義區的1鎮9鄉，以及東石區的2鎮4鄉等16個鄉鎮合併為嘉義縣，下轄22個鄉鎮。1951年將新東、新西、新南、新北四鎮撤銷，合併組成縣轄嘉義市，縣政府所在地設於原嘉義市，下轄1市、3鎮、15鄉。1982年嘉義市再度升格為省轄市，縣市分治；1991年縣政府所在地遷至位於太保鄉與朴子鎮之間的祥和新村設置縣政特區，太保鄉並改制為縣轄市太保市；1992年朴子鎮亦改制為朴子市。目前全縣下轄18個鄉鎮市，即2市，太保市與朴子市；2鎮，即布袋鎮與大林鎮；14鄉，即民雄鄉、溪口鄉、新港鄉、六腳鄉、東石鄉、義竹鄉、鹿草鄉、水上鄉、中埔鄉、竹崎鄉、梅山鄉、番路鄉、大埔鄉，阿里山鄉為山地原住民鄉。該縣計可選出縣長1人，縣議員37席；鄉鎮市長18人，鄉鎮市民代表193席。

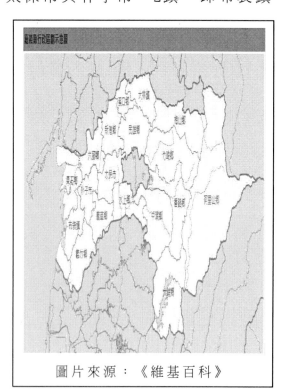

圖片來源：《維基百科》

　　屏東縣在1950年調整行政區域，原省轄屏東市7個地區改為4區3鄉，與高雄縣屏東區的3鄉、潮州區的1鎮6鄉、東港區的1鎮5鄉、恆春區的1鎮2鄉、雄峰區霧臺鄉、三地門鄉、瑪家鄉、高峰區獅子鄉、泰武鄉、來義鄉、春日鄉、牡丹鄉等27個鄉鎮合併為屏東縣，下轄有4區30個鄉鎮。1951年將東、南、北、中四區裁撤改為縣轄屏東市，並為屏東縣縣政府所在地，也自林邊鄉分出南州鄉；1955年自長治鄉分出麟洛鄉。目前全縣下轄33個鄉鎮市，即1市，屏東市；3鎮，即潮州鎮、東港鎮、恆春鎮；29鄉，即萬丹鄉、長治鄉、麟洛鄉、九如鄉、里港鄉、鹽埔鄉、高樹鄉、萬巒鄉、內埔鄉、竹田鄉、新埤鄉、枋寮鄉、新園鄉、崁頂鄉、林邊鄉、南州鄉、佳冬鄉、琉球鄉、車城鄉、滿州鄉、枋山鄉，三地門鄉與霧臺鄉與瑪家鄉與泰武鄉與來義鄉與春日鄉與獅子鄉，以及牡丹鄉為山地原住民鄉。該

圖片來源：《維基百科》

縣計可選出縣長1人，縣議員55席；鄉鎮市長33人，鄉鎮市民代表327席。

　　宜蘭縣在1950年調整行政區域，將臺北縣所屬宜蘭市與宜蘭地區的4鄉、羅東區的2鎮3鄉，以及北峰區的太平鄉、南澳鄉等11個鄉鎮合併獨立為宜蘭縣，縣政府所在地設於宜蘭市，下轄1市、3鎮、8鄉。目前全縣下轄12個鄉鎮市，即1市，宜蘭市；3鎮，即羅東鎮、蘇澳鎮、頭城鎮；8鄉，即礁溪鄉、壯圍鄉、員山鄉、冬山鄉、五結鄉、三星鄉，大同鄉與南澳鄉為山地原住民鄉。該縣計可選出縣長1人，縣議34席；鄉鎮市長12人，鄉鎮市民代表131席。

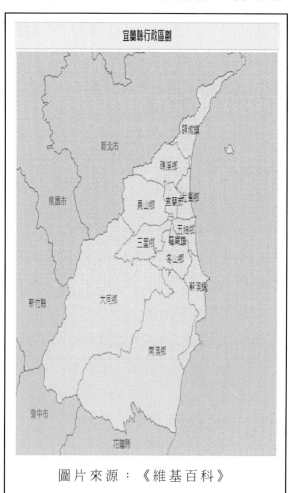

圖片來源：《維基百科》

花蓮縣在1909（日據時期明治42）年時，花蓮地區便脫離臺東廳，成為花蓮港廳。1946年改制為花蓮縣，並將原花蓮郡改為花蓮市，是縣政府所在地。目前全縣下轄13個鄉鎮市，即1市，花蓮市；2鎮，即鳳林鎮、玉里鎮；10鄉，即新城鄉、吉安鄉、壽豐鄉、光復鄉、豐濱鄉、瑞穗鄉、富里鄉，秀林鄉與萬榮鄉及卓溪鄉為山地原住民鄉。其中，花蓮市與宜蘭市是全臺最早的縣直轄市。該縣計可選出縣長1人，縣議員33席；鄉鎮市長13人，鄉鎮市民代表142席。

花蓮縣行政區劃

秀林鄉
新城鄉
花蓮市
吉安鄉
壽豐
萬榮鄉
鳳林鎮
光復鄉
豐濱鄉
卓溪鄉
瑞穗鄉
玉里鎮
富里鄉

圖片來源：《維基百科》

臺東縣在1946年由原臺東郡改制為臺東縣，原關山郡、臺東郡、新港郡改為縣轄區，郡下街庄則改為區下鎮鄉，郡下蕃地並切割併入鄰近的鄉鎮。1976年臺東鎮

改制為臺東市，是縣政府所在地。目前全縣下轄16個鄉鎮市，即1市，臺東市；2鎮，即成功鎮、關山鎮；13鄉，即卑南鄉、大武鄉、太麻里鄉、東河鄉、長濱鄉、鹿野鄉、池上鄉、綠島鄉，延平鄉與海端鄉與達仁鄉與金峰鄉及蘭嶼鄉為山地原住民鄉。其中，綠島鄉與蘭嶼鄉為離島地區。該縣計可選出縣長1人，縣議員30席；鄉鎮市長16人，鄉鎮市民代表136席。

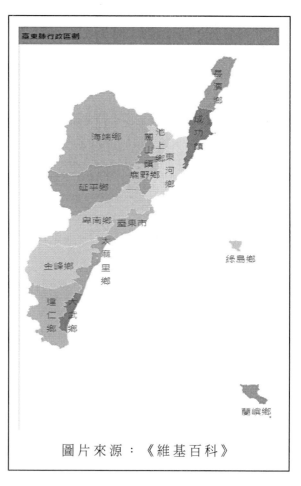

圖片來源：《維基百科》

　　澎湖縣在1945年由原澎湖廳改制為澎湖縣，縣政府所在地設於馬公鎮，下轄有2縣、6鄉鎮。1950年廢縣轄區由縣直轄鄉鎮。1981年馬公鎮升格為縣轄市。目前全縣下轄6個鄉市，即1市，馬公市；5鄉，即湖西鄉、白

沙鄉、西嶼鄉、望安鄉、七美鄉。該縣計可選出縣長1人，縣議員19席；鄉鎮市長6人，鄉鎮市民代表51席。

　　金門縣在1915年便設置，初分6都10保166鄉。1935年改都為區，1945年改制並劃分為珠浦鎮、沙美鎮、古湖鄉、滄湖鄉、烈嶼鄉、大嶝鄉等2鎮、4鄉。1946年古湖鄉併入珠浦鎮、滄湖鄉併入沙美鎮，轄區減為2鎮、2鄉。1949年大陸解放軍佔領大嶝鄉（含大嶝、小嶝、角嶼、圭嶼、大泊、小泊

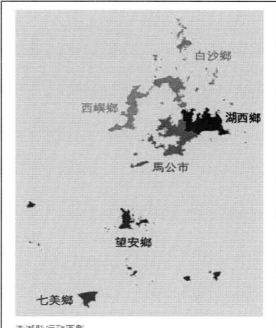

澎湖縣行政區劃

圖片來源：《維基百科》

金門縣行政區劃圖

圖片來源：《維基百科》

等島嶼），金門縣撤縣改制金門軍管區，共3處9區。1950年撤銷3處民政處，下轄9區。1951年改劃分為金城區（娳廂區、金城區合併）、金寧區（金盤區、古寧區合併）、金湖區（滄湖區、瓊山區合併）、金沙區（金沙區、碧山區合併）、烈嶼區，後增設金山區共為6區。1953年回歸縣制，並分為金城鎮、金沙鎮、金山鄉、金寧鄉、金湖鄉、烈嶼鄉等2鎮、4鄉。1954年代管原莆田縣屬烏坵鄉。1959年增設金瓊鄉，金湖鄉改制金湖鎮，下轄3鎮、5鄉。1965年金山鄉才併入金城鎮，撤銷金瓊鄉併入金寧鄉、金湖鎮。縣政府所在地設於金城鎮，目前全縣下轄6個鄉鎮，即3鎮，金城鎮、金湖鎮、金沙鎮；3鄉，即金寧鄉、烈嶼鄉、代管莆田縣烏坵鄉。該縣計可選出縣長1人，縣議員19席；鄉鎮市長6人，鄉鎮市民代46席。

連江縣在1949年中國人民解放軍進駐連江小滄，成立〝連江縣人民民主政府〞；1950年改為〝連江縣人民政府〞，下

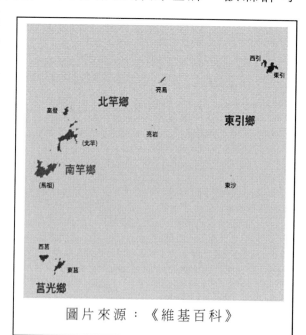

圖片來源：《維基百科》

轄16鎮7鄉。其中之馬祖鄉連江縣人民政府並無實際管轄。1953年由中華民國政府在馬祖列島（馬祖鄉）復設〝連江縣政府〞，連江縣從此由兩岸分治。中華民國的連江縣政府所在地設於南竿鄉，目前全縣下轄4個鄉，即南竿鄉、北竿鄉、莒光鄉、東引鄉。該縣計可選出縣長1人，縣議員9席；鄉鎮市長4人，鄉鎮市民代表22席。

基隆市在1945年改制為省轄市，隸屬臺灣省。1947年，臺北縣基隆區七堵鄉，改劃歸基隆市管轄成為七堵區。1949年再從七堵區部分地區劃出設置暖暖區。1988年調整除中正、信義兩區以外的行政區邊界，區數目維持不變。市政府所在地設於中正區，目前全市下轄7個區，即仁愛區、中正區、信義區、中山區、安樂區、七堵區、暖暖區。另外，和平島（社寮島、桶盤嶼、中山仔島），基隆嶼、北方三島（棉花嶼、花瓶嶼、彭佳嶼）等七個離島也

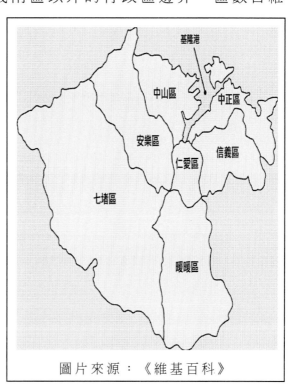

圖片來源：《維基百科》

屬基隆市管轄,行政劃分上皆劃歸中正區。該市計可選出市長1人,市議員31席。

新竹市在1945年改制為省轄市,隸屬臺灣省。初分為九區,後於1946年改劃分為東、西、南、北、香山五區,同時竹東、寶山自新竹縣劃入,併為竹東區、寶山區。1950年調整行政區域,新竹市改為東、西、南、北四區,以及竹東、香山、寶山等一鎮二鄉。1951

圖片來源:《維基百科》

年將東、西、南、北四區撤銷降格為一個縣轄市。1982年與香山鄉合併再升格為省轄市。1990年行政區再度劃分為東、北、香山等三區,市政府所在地設於北區,目前全市下轄3個區,即東區、北區、香山區。該市計可選出市長1人,市議員34席。

嘉義市在1945年改制為省轄市,初分為東門、西門、北門、南門、八獎、竹圍、北鎮、東山等八區。1946年改劃分為新東、新西、新南、新北四區,同時水上、

太保自臺南縣劃入，併為水上區、太保區。1950年調整行政區域，嘉義市改劃分為新東、新西、新南、新北四鎮，以及水上、太保二鄉。1951年新東、新西、新南、新北四鎮合併降格為一個縣轄市。1982年再升格為省轄市。

圖片來源：《維基百科》

1990年行政區域再度劃分為東西兩個區。2010年僅調整兩個區的分界線，市政府所在地設於東區，目前全市下轄2個區，即東區與西區。該市計可選出市長1人，市議員23席。

二、中央席位

中央席位包含正副總統，以及立法委員的選舉。茲以正副總統選舉與立法委員選舉的席位說明如下：

1·正副總統選舉：

正副總統候選人的資格，必須具有中華民國國籍，年滿40歲，在中華民國連續居住6個月以上，並曾設有戶籍15年以上，且不具有外國國籍者。

第十六任總統、副總統選舉，預定於2024年1月擇日舉行，可選出總統1人、副總統1人，並於同年5月20日就職。

2·立法委員選舉：

立法委員候選人的資格，要滿23歲，具有中華民國國籍，並在各該選舉區連續居住4個月以上。另曾在國內設有戶籍但已將戶籍遷出國外連續8年以上者，可擔任僑居國外國民立法委員候選人，但須由政黨申請登記。

立法委員的選舉，分為區域立委、原住民立委、不分區立委（含僑居國外國民立委）等三種候選人。其中：

所謂〝區域立委〞，就是全國分為73個地域選區，由選民在所屬的選區中，以〝立委票〞直接選舉該選區

的立委候選人。採〝相對多數制〞，票數無須過半，只要票得多者即當選，全國總共73席。

　　所謂〝原住民立委〞，就是由〝平地原住民〞與〝山地原住民〞，這2個複數選區選出，仍然採原先之複數選區單記，不可讓渡投票制，每個選區得票前三名者當選，共有6席。

　　所謂〝不分區立委〞，則由政黨提名並排出順序，選民以〝政黨票〞直接選舉，全國加總選票後，依各黨得票率分配席次，全國總共34席。

　　第十一屆立法委員選舉，預定於 2024 年 1 月擇日舉行。可選出總席次 113 席。並於同年 2 月 1 日就職。其區域立委及原住民立委之分配如下：

A.院轄市：

　　臺北市立法委員選舉區，是區域立法委員在臺北市的選舉區。分為八個選區，計選出8席立法委員。

第一選舉區：北投區、士林區（天母里等13個里）。

第二選舉區：大同區、士林區（仁勇里等38個里）。

第三選舉區：中山區、松山區（精忠里等20個里）。

第四選舉區：內湖區、南港區。

第五選舉區：萬華區、中正區（南門里等21個里）。

第六選舉區：大安區。

第七選舉區：信義區、松山區（慈祐里等13個里）。

第八選舉區：文山區、中正區（水源里等10個里）。

　　新北市立法委員選舉區，是區域立法委員在新北市的選舉區。分為12個選區，計選出12席立法委員。

第一選舉區：石門區、三芝區、淡水區、八里區、林口區、泰山區。

第二選舉區：五股區、蘆洲區、三重區（富貴里等16個里）。

第三選舉區：三重區（二重里等103個里）。

第四選舉區：新莊區（中平里等75個里）。

第五選舉區：樹林區、鶯歌區、新莊區（民安里等9個里）。

第六選舉區：板橋區（中正里等65個里）。

第七選舉區：板橋區（九如里等61個里）。

第八選舉區：中和區（力行里等76個里）。

第九選舉區：永和區、中和區（泰安里等17個里）。

第十選舉區：土城區、三峽區。

第十一選舉區：新店區、深坑區、石碇區、坪林區、烏來區。

第十二選舉區：汐止區、金山區、萬里區、瑞芳區、平溪區、雙溪區、貢寮區。

　　桃園市立法委員選舉區，是區域立法委員在桃園市的選舉區。分為6個選區，計選出6席立法委員。

第一選舉區：蘆竹區、龜山區、桃園區（汴洲里等11個里）。

第二選舉區：楊梅區、新屋區、觀音區、大園區。

第三選舉區：中壢區（石頭里等73個里）。

第四選舉區：桃園區（中路里等65個里）。

第五選舉區：平鎮區、龍潭區。

第六選舉區：八德區、大溪區、復興區、中壢區（興仁里等12個里）。

　　臺中市立法委員選舉區，是區域立法委員在臺中市的選舉區。分為8個選區，計選出8席立法委員。

第一選舉區：大甲區、大安區、外埔區、清水區、梧棲區。

第二選舉區：沙鹿區、龍井區、大肚區、烏日區、霧峰區。

第三選舉區：后里區、神岡區、大雅區、潭子區。

第四選舉區：西屯區、南屯區。

第五選舉區：北屯區、北區。

第六選舉區：東區、南區、中區、西區。

第七選舉區：太平區、大里區。

第八選舉區：豐原區、石岡區、東勢區、新社區、和平區。

臺南市立法委員選舉區，是區域立法委員在臺南市的選舉區。分為6個選區，計選出6席立法委員。

第一選舉區：後壁區、白河區、北門區、學甲區、鹽水區、新營區、柳營區、東山區、將軍區、下營區、六甲區。

第二選舉區：七股區、佳里區、麻豆區、官田區、善化區、大內區、玉井區、楠西區、西港區、

安定區、山上區、左鎮區、南化區。

第三選舉區：安南區、北區。

第四選舉區：新市區、永康區、新化區。

第五選舉區：安平區、中西區、南區、東區（成大里等16個里）。

第六選舉區：仁德區、歸仁區、關廟區、龍崎區、東區（小東里等29個里）。

　　高雄市立法委員選舉區，是區域立法委員在高雄市的選舉區。分為8個選區，計選出8席立法委員。

第一選舉區：桃源區、那瑪夏區、甲仙區、六龜區、杉林區、內門區、旗山區、美濃區、茂林區、阿蓮區、田寮區、燕巢區、大樹區、大社區

第二選舉區：茄萣區、湖內區、路竹區、永安區、岡山區、彌陀區、梓官區、橋頭區

第三選舉區：楠梓區、左營區

第四選舉區：仁武區、鳥松區、大寮區、林園區

第五選舉區：三民區、苓雅區（安祥里等8個里）。

第六選舉區：鼓山區、鹽埕區、前金區、新興區、苓雅
　　　　　　區（博仁里等61個里）。

第七選舉區：鳳山區。

第八選舉區：旗津區、前鎮區、小港區。

B.省轄縣市：

　　新竹縣立法委員選舉區，是區域立法委員在新竹縣
的選舉區。分為2個選區，計選出2席立法委員。

第一選舉區：新豐鄉、湖口鄉、新埔鎮、芎林鄉、關西
　　　　　　鎮、尖石鄉、竹北市（尚義里等12個里）。

第二選舉區：竹東鎮、寶山鄉、北埔鄉、峨眉鄉、橫山
　　　　　　鄉、五峰鄉、竹北市（泰和里等19個里）。

　　苗栗縣立法委員選舉區，是區域立法委員在苗栗縣
的選舉區。分為2個選區，計選出2席立法委員。

第一選舉區：竹南鎮、後龍鎮、造橋鄉、通霄鎮、西湖
　　　　　　鄉、銅鑼鄉、三義鄉、苑裡鎮。

第二選舉區：頭份市、三灣鄉、南庄鄉、苗栗市、頭屋
　　　　　　鄉、獅潭鄉、公館鄉、大湖鄉、泰安鄉、
　　　　　　卓蘭鎮。

　　彰化縣立法委員選舉區，是區域立法委員在彰化縣的選舉區。分為4個選區，計選出4席立法委員。

第一選舉區：伸港鄉、線西鄉、和美鎮、鹿港鎮、福興鄉、秀水鄉。

第二選舉區：彰化市、花壇鄉、芬園鄉。

第三選舉區：芳苑鄉、二林鎮、埔鹽鄉、溪湖鎮、埔心鄉、大城鄉、竹塘鄉、埤頭鄉、北斗鎮、溪州鄉。

第四選舉區：大村鄉、員林市、永靖鄉、社頭鄉、田尾鄉、田中鎮、二水鄉。

　　南投縣立法委員選舉區，是區域立法委員在南投縣的選舉區。分為2個選區，計選出2席立法委員。

第一選舉區：埔里鎮、草屯鎮、中寮鄉、魚池鄉、國姓鄉、仁愛鄉。

第二選舉區：南投市、名間鄉、集集鎮、竹山鎮、鹿谷鄉、水里鄉、信義鄉。

　　雲林縣立法委員選舉區，是區域立法委員在雲林縣的選舉區。分為2個選區，計選出2席立法委員。

第一選舉區：麥寮鄉、臺西鄉、東勢鄉、褒忠鄉、土庫

鎮、虎尾鎮、四湖鄉、元長鄉、口湖鄉、水林鄉、北港鎮。

第二選舉區：崙背鄉、二崙鄉、西螺鎮、莿桐鄉、林內鄉、斗六市、大埤鄉、斗南鎮、古坑鄉。

嘉義縣立法委員選舉區，是區域立法委員在嘉義縣的選舉區。分為2個選區，計選出2席立法委員。

第一選舉區：六腳鄉、東石鄉、朴子市、太保市、布袋鎮、義竹鄉、鹿草鄉、水上鄉。

第二選舉區：溪口鄉、大林鎮、梅山鄉、新港鄉、民雄鄉、竹崎鄉、中埔鄉、番路鄉、阿里山鄉、大埔鄉。

屏東縣立法委員選舉區，是區域立法委員在屏東縣的選舉區。分為2個選區，計選出2席立法委員。

第一選舉區：里港鄉、高樹鄉、三地門鄉、霧臺鄉、九如鄉、鹽埔鄉、長治鄉、內埔鄉、瑪家鄉、屏東市、麟洛鄉。

第二選舉區：萬丹鄉、泰武鄉、竹田鄉、萬巒鄉、潮州鎮、新園鄉、崁頂鄉、南州鄉、新埤鄉、來義鄉、東港鎮、林邊鄉、佳冬鄉、枋寮鄉、春日鄉、枋山鄉、獅子鄉、牡丹鄉、

車城鄉、滿州鄉、恆春鎮、琉球鄉。

宜蘭縣立法委員選舉區，是區域立法委員在宜蘭縣的選舉區。該選舉區為單一選區，計選出1席立法委員。

單一選區範圍：宜蘭市、頭城鎮、羅東鎮、蘇澳鎮、大同鄉、三星鄉、南澳鄉、五結鄉、礁溪鄉、冬山鄉、員山鄉、壯圍鄉。

花蓮縣立法委員選舉區，是區域立法委員在花蓮縣的選舉區。該選舉區為單一選區，計選出1席立法委員。

單一選區範圍：花蓮市、鳳林鎮、玉里鎮、新城鄉、吉安鄉、壽豐鄉、光復鄉、豐濱鄉、瑞穗鄉、富里鄉，秀林鄉、萬榮鄉、卓溪鄉。

臺東縣立法委員選舉區，是區域立法委員在臺東縣的選舉區。該選舉區為單一選區，計選出1席立法委員。

單一選區範圍：臺東市、成功鎮、關山鎮、卑南鄉、大武鄉、太麻里鄉、東河鄉、長濱鄉、鹿野鄉、池上鄉、綠島鄉，延平鄉、海端鄉、達仁鄉、金峰鄉、蘭嶼鄉。

澎湖縣立法委員選舉區，是區域立法委員在澎湖縣的選舉區。該選舉區為單一選區，計選出1席立法委員。

單一選區範圍：馬公市、湖西鄉、白沙鄉、西嶼鄉、望
安鄉、七美鄉。

金門縣立法委員選舉區，是區域立法委員在金門縣
的選舉區。該選舉區為單一選區，計選出1席立法委員。

單一選區範圍：金城鎮、金湖鎮、金沙鎮、金寧鄉、烈
嶼鄉、代管莆田縣烏坵鄉。

連江縣立法委員選舉區，是區域立法委員在連江縣
的選舉區。該選舉區為單一選區，計選出1席立法委員。

單一選區範圍：南竿鄉、北竿鄉、莒光鄉、東引鄉。

基隆市立法委員選舉區，是區域立法委員在基隆市
的選舉區。該選舉區為單一選區，計選出1席立法委員。

單一選區範圍：仁愛區、中正區、信義區、中山區、安
樂區、七堵區、暖暖區。

新竹市立法委員選舉區，是區域立法委員在新竹市
的選舉區。該選舉區為單一選區，計選出1席立法委員。

單一選區範圍：東區、北區、香山區。

嘉義市立法委員選舉區，是區域立法委員在嘉義市
的選舉區。該選舉區為單一選區，計選出1席立法委員。

單一選區範圍：東區、西區。

　　平地原住民[2]立法委員選舉區，是區域立法委員在全國的選舉區。該選舉區採用複數制度，計選出3席立法委員。

　　選舉區範圍：全國平地的阿美族、卑南族、邵族、噶瑪蘭族、撒奇萊雅族、賽夏族、泰雅族、排灣族、魯凱族等。

　　山地原住民[3]立法委員選舉區，是區域立法委員在全國的選舉區。該選舉區採用複數制度，計選出3席立法委員。

　　選舉區範圍：全國平地的阿美族、卑南族、邵族、噶瑪蘭族、撒奇萊雅族、賽夏族、泰雅族、排灣族、魯凱族等。

　　總的來說，臺灣選舉之區域劃分，在地方選舉方面：第三次九合一地方公職人員選舉，將於2022年11月26日舉行，可選出院轄市6都6位市長、市議員377席，以及臺灣省轄下16縣市之16位縣市長、縣市議員533

---

[2] 根據《原住民身份法》，1945年之前原籍在平地行政區域內（即原住民山地鄉以外區域），且戶口調查簿登記其本人或直系血親尊親屬屬於原住民，並申請戶籍所在地鄉鎮公所登記為平地原住民者，為〝平地原住民〞。

[3] 根據《原住民身份法》規定之山地原住民籍選民。

席、鄉鎮市長204席、鄉鎮市民代表2139席（包括直轄市山地原住民區長6名及區民代表50名）。在中央選舉方面：第十六任總統、副總統選舉，預定於2024年1月擇日舉行，可選出總統1人、副總統1人，以及第十一屆立法委員選舉，預定於2024年1月擇日舉行，可選出總席次113席。

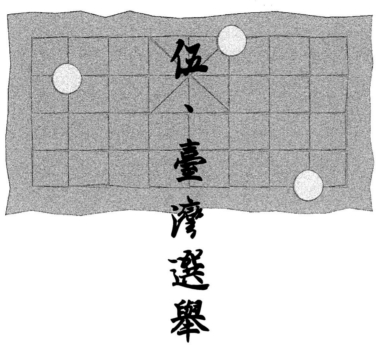

伍、臺灣選舉之理想戰略

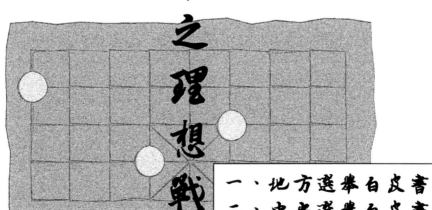

一、地方選舉白皮書
二、中央選舉白皮書
三、知人善任看頭家
四、君子之爭坦蕩蕩

177

　　任何事務都有兩種思維模式，一為動機論；二為目的論。所謂〝動機論〞，係指在道德評價中，主張根據人的主觀願望，來確定行為道德意義的理論，與目的論相對。動機論者認為，人的行為善惡取決於動機是否善良，而與行為所產生的效果無關；而所謂〝目的論〞，即指在道德評價中，主張行為的是非善惡，須視行為目的結果的好壞，來斷定道德意義的理論。目的論者認為，人的行為善惡取決於最終目的結果是否善良，而與行為動機是否良善無關。也就是說，動機論者注重事情動機的善惡，只要動機是善，其結果縱然是惡，也還是善；而目的論者注重事情最終結果的善惡，不管動機的好壞。這兩種模式並沒有對錯，端看如何使用，走了極端都不好，尤其這兩種立場的差異，會導致不同人生意義的解讀，但不會改變任何事實。

　　另一種則為實證論，該論者主張以科學的方法，建立經驗性的知識，認為事實必須透過觀察或感覺而得。一切學問理論講究要通過可檢證性的才是真。就如史立克（Moritz Schlick, 1882－1936 A.D.）所說：「任何一種語句，唯有可被檢證者，才有意義。」

史立克
圖片來源：《維基百科》

　　動機論、目的論與實證論這

三種思維模式的過程，如果應用在解決問題的能力上，將可精準且有效的解決問題，不會產生〝癢的不抓，不癢的抓到破皮〞的現象。也可以防止問題解決後所衍生的負面問題，並避免不道德的情事發生。

解決問題具有明確目標的指向性，而問題解決的過程，就是尋找和達到目標的過程。該過程可以通過直覺與猜測，也可以通過分析與推理，還可以通過聯想與想像，但無論通過哪一種途徑都必須受到目標的指引。大致上來說，解決問題可分為三個層次：一為表面現象之上，針對表面現象的行動叫做緊急處置；二為表面現象之下，就是形成問題的初步原因，對應初步原因的解決方法，便是治標；三為必須解決根本的原因，才能杜絕再次發生，才是治本，也就是永久的對策。

解決問題的五部曲：一為目的論→思考一下！我的目的是什麼；二為用什麼方法？可以達到目的；三為應用該方法所得的結果，會不會衍生後遺症，如果產生可不可以接受；四為實證論→思考一下！問題解決的結果，以我們的經驗值，或驗證一下他的可行性，以及所衍生的後遺症；五為動機論→思考一下！問題解決的方法，符不符合法律與道德規範。

如此以後，便可以來談臺灣選舉之理想戰略，並分為地方選舉白皮書、中央選舉白皮書、知人善任看頭家，以及君子之爭坦蕩蕩等四個單元：

一、地方選舉白皮書

地方選舉之白皮書，將以競選臺北市長為例，說明如下：

首先思考一下！

（一）、我的目的是什麼？

我要參選臺北市長，必須獲得全臺北市民的支持！

（二）、我要用什麼方法？

※首先分析選舉環境：

1.市民素質：

臺北市為首善之區，市民素質與生活值為全國之冠，多為知識分子，理性務實而明是非，但性情比中南部人冷漠，較關心自身利害關係。

2.市民困擾：

A.停車困難與拖吊麻煩；

B.內湖交通非常的壅塞；

C.老舊建物安全與市容；

D.房價特高幸福感特低；

E.大巨蛋城市之光待解；

F.松山機場擾民威脅高。

3.市民需求：

A.食安需求；

B.居住需求；

C.環境需求；

D.交通需求。

E.養育需求。

F.休閒需求。

4.市政願景：

A.打造宜居城市；

B.打造國際城市；

C.打造智慧城市；

D.公平正義城市；

E.人文關懷城市；

F.市民參政城市。

※接著分析選情結構：

1.政黨版圖：

臺灣的選舉，臺北市雖說藍大於綠，然大致上來說，基本盤藍綠各占三分之一，中間選民亦占三分之一，

但自從白營崛起後，臺灣的選情結構也發生變化。目前臺北市各營的基本盤也大致為：藍32%、綠28%、白8%、中間選民32%。藍綠白之深淺，雖然有別，但總的來說，藍色做得再好，綠色也不會投給它，反過來亦是如此，這就是政黨惡鬥最可惡的地方。而中間選民多為知識份子，討厭政黨惡鬥，他們大致可分成年輕人與非年輕人，年輕人的特徵，在於非理性的好惡，喜歡標新立異，偏愛白營。非年輕人的特徵，在於成熟理性，較能為大局著想。從基本盤來看，臺灣選舉的勝負，關鍵在於中間選民，他們往哪邊靠，哪邊就贏。如何爭取中間選民的認同，是選舉唯一要做的事。

另一個影響勝負的因素，即棄保效應。棄保效應發生在三組候選人以上，且三足鼎立，實力差距不大。如2018年臺北市長選舉時，白營為柯文哲、藍營為丁守中、綠營為姚文智。當綠營無法勝選時，他們寧願白營當選，也不願讓藍營執政，棄保現象自然發生，柯文哲能當選即是一個明證。當然，大致上棄保效應只會發生在具有黨性的政黨，較不會發生在中間選民。同質性的候選人，被棄者則為民調較低的候選人。

2.選情現況：

2022年臺北市長選舉，無黨籍為黃珊珊、藍營為蔣萬安、綠營為陳時中。根據《網路溫度計》民調中心於2022年8月12日公布最新民調顯示，蔣萬安支持度28.3%、陳時中26.4%，黃珊珊24.4%，三人支持度最大差距僅3.9%，三人好感度則介於49分至56分之間。未表

態者20.9%，這些大多數為中間選民，也就是說當中間選民往哪邊靠，那個候選人就當選；如果發生棄保效應，以目前三人民調的差距，只要一棄保，被保的那個候選人就一定當選。

蔣萬安與陳時中各自擁有政黨基本盤的支持，所以民調自然較高。黃珊珊雖為無黨籍且三人民調最低，但她與新黨、親民黨有淵源，並受白營柯文哲的支持，意即她可以瓜分藍營及綠營（年輕人）的選票，也可以接收白營的選票，以及吸取中間選民的選票。可見，黃珊珊以無黨籍身分參選，是正確的第一步，現在雖不看好，卻是最有潛力的候選人。只要競選期間不要出大錯，又能提出符合市民需求的可行政見，相信會受到選民，尤其是中間選民的支持，她的民調會節節上升。

3.棄保效應：

棄保效應的執行，雖然複雜，但仍然有跡可尋，在投票前應注意以下的民調變化(可信度高的民調)：

A.如果綠營陳時中的民調最高，藍營蔣萬安與無黨籍黃珊珊勢必產生棄保效應，誰會被棄，取決於民調低且有一定的差距，該差距越高越容易棄保現像。

B.如果藍營蔣萬安的民調最高，讓綠營覺得無法取勝時，他們寧願無黨籍黃珊珊當選，也不願讓藍營蔣萬安執政，因此就會產生棄陳時中而保黃珊珊的棄保現象。

C.如果無黨籍黃珊珊的民調最高，且有一定的差

距，則不會發生棄保現象。

依此推論，在棄保效應順利下為前提，筆者可以預見的大致上說：

A.陳時中的民調雖然是最高，也不可能當選。因藍營會棄或保蔣萬安，或黃珊珊（有相當部分是藍營支持者），棄或保取決於民調的高低，較高者會被保，所以那個候選人就一定當選。儘管陳時中擁有中央執政的資源，想應用上述惡質文化的手段，對於〝理性務實而明是非〞的臺北選民而言，效果相當有限。

B.蔣萬安的民調儘管是最高，也不可能當選。因綠營會棄陳時中而保黃珊珊，所以黃珊珊就一定會當選。蔣萬安想要當選，唯一的可能，只有在陳時中的民調最高時，他的民調高於黃珊珊一定的差距，發生了棄保現象，蔣萬安才有可能當選。

C.黃珊珊的民調最高時，且有一定的差距，則不會發生棄保現象，所以黃珊珊就一定會當選。

簡單說，在棄保效應順利下為前提，陳時中的當選率是○％；蔣萬安的當選率是$1/6$約為16.7％；黃珊珊則有$5/6$約為83.3％的勝選機率。所以筆者才會預見，只要競選期間不要出大錯，又能提出符合市民需求的可行政見，黃珊珊目前雖為三位候選人民調最低，但她卻是最有潛力的黑馬，唯一變數，便是棄保沒發生或亂了套。新竹市長候選人，代表民眾黨的高虹安，也適用這種推論。當然，如果沒發生棄保效應，則藍營蔣萬安會當選。

以目前臺灣的選民結構，政權版圖而言，幾乎沒有小黨生存的空間，或許他們可扮演民意代表的關鍵少數，但要形成第三勢力與國、民兩黨抗衡，難矣！民眾黨主席柯文哲之所以能當選臺北市長，第一次競選乃因與民進黨合作，受到禮讓的支持而當選；第二次競選連任乃因棄保效應，民進黨放棄自己推出的候選人姚文智，力保柯文哲而當選。可見，黃珊珊想要當選唯一的可能，便是棄保效應，如何讓它發生棄保，是黃珊珊所應努力的目標。而蔣萬安想要順利當選，必須讓陳時中綠營覺得當選有望，故民調差距不宜過大，才不會發生棄保現象。

　　其中之〝提出符合市民需求的可行政見〞，乃為了吸引中間選民支持，使自己的民調高於蔣萬安或陳時中，也就是民調第一或第二，才能杜絕蔣萬安$1/_6$的當選率，讓自己100%穩當的當選。可見，〝提出符合市民需求的可行政見〞，是黃珊珊最重要的事情，以及不要與民進黨鬧翻臉成死對頭。

　　至於其它五都，根據筆者以實證主義理論為基礎，並長期的觀察分析與推斷：臺南市長候選人，民進黨黃偉哲與高雄市長候選人，民進黨陳其邁，為不可撼動的候選人，勢必當選；新北市長候選人，國民黨侯友宜與臺中市長候選人，國民黨盧秀燕，也是不可撼動的候選人，勢必當選；而桃園市長的選舉，基於選民素質的提升，惡質文化發生的效果有限，故代表國民黨的候選人張善政，也勢必當選。

（三）、解決問題的結果：

《2022參選政見白皮書》

敬愛的主人們：大家好！（國語）、大家好！（閩南語）、大家好！（客語）、大家好！（原住民語）。

每當選舉季節來臨時，臺灣的天空總是灰灰，政客的嘴臉總是牽動百姓的神經，口水戰、畫大餅等的惡質文化滿天飛，尤其是政黨惡鬥，更讓社會不得安寧。畫大餅誰不會，但必須在市府財政的許可下，以及不債留子孫，且方案可行性高，可以落實的，務實地提出政見，才是負責任的做法，否則僅是騙取選票而已。當然，不管是誰提出的政見或意見，只要是對臺北市有幫助，我便會採納並感謝。

自由民主是普世價值，沒有討價還價的餘地，但它必須建立在民主素養的基礎上，否則成為空談。孟子說：「人之所以異於禽獸者，幾希？」只差在人懂得做人道理的德性而已。天時、地利、人和，以人和為首，正所謂：「家和萬事興，國泰千般順。」所以，我不打口水戰，不畫大餅，也不回應無謂爭論，務實地提出我的政見，並以政見打動民心見輸贏，君子之爭本應坦蕩蕩。

我從政經驗非常豐富，政績與能力有目共睹，我將

本著初衷，並秉持「明知不可為而為之」[1]的儒家精神，奮力向前，為市民服務。我的團隊擔心，我堅持君子之爭，容易讓選民認為沒魄力，但我並不擔心，尤其在臺北市。因臺北市為首善之區，市民素質與生活值為全國之冠，多為知識分子，理性務實而明是非，任何是非曲直，難逃其法眼。因此，如果我是臺北市長，首先我要做的事，便是解決市民的困擾，再來滿足市民的需求，而後打造市政願景。茲說明如下：（多利用閩南、客家、原住民等方言俚語舉例說明，以增加群族認同感與幽默風趣）

1.如何解決市民六大困擾：

市民的困擾，以影響市民的生命安全最大、人數最多、區域最廣，以及怨言最多等優先排列順序：

A.停車困難與拖吊麻煩：

根據行政院環保署於2020年的統計，臺北市汽車

---

[1] 引自《論語・憲問》，子路宿於石門。晨門曰：「奚自？」子路曰：「自孔氏。」曰：「是知其不可而為之者與？」意思說：子路夜裡住在石門，看門的人問：「從哪裡來？」子路說：「從孔子那裡來。」看門的人說：「是那個明知做不到卻還要去做的人嗎？」對孔子來說，「知其不可為而為之」，是在春秋戰國這種割據混戰的紛爭年代，道德敗壞、綱倫不存的情況下，呼籲「仁義禮樂」是不可能的。因此孔子的政治主張很難得到君主的認可和世人的贊同，所以雖然他終其一生在政治上並無建樹，但是他至少堅決守住了自己的看法，並廣開門路，希望能為亂世帶來和平，故只能凡事盡心，得失隨緣，但求無愧於心而已。

815,569輛，機車952,055輛，合計汽機車數量將近180萬輛，其機動車輛密度更高達每平方公里6,500輛車，居全臺之冠。在地狹人稠的臺北市騎車、開車，除了車多擁擠之外，交通規則也比其他縣市限制得多，讓車族很難適應！對於開車族來說，找停車位是最頭痛的問題，有時貪圖方便違規停車，開罰單也還好，但遭到拖吊可就麻煩大了。偏偏拖吊作業外包給民間拖吊業承攬，並採抽成方式，每拖一輛可獲得多少回饋。

依法規規定：「執行拖吊前，執勤員警對違規車輛應依法舉發，必要時，始得執行拖吊。」意即有影響車輛通行，才可以拖吊。然而，民間拖吊者，因採抽成方式，加上隨車員警可能基於交情，或利益掛鉤，導致只要看到違規車輛，就馬上拖吊，以至造成民眾金錢損失與麻煩，有待改進。

解決之道：

a.以行政等手段，要求服務業需提供免費停車場。

b.在不影響交通下，開放更多臨時停車的地方。

c.全面檢討市區空間，增設停車位，或增建停車場。

d.收回外包拖吊作業，由市府編列少數人員執行。凡不影響交通者不拖吊，僅舉發就好。

B.內湖交通非常的壅塞：

大臺北地區雖然有便利的大眾捷運系統，但仍有不少人騎車或開車上班，因此交通狀況非常壅塞，尤其是上下班時，更達到巔峰，其行車時間超過一小時以上，比比皆是，簡直就像一個超大型的停車場。內湖交通塞車的問題，已歷經好幾任市長也沒辦法解決，似乎就是一個死結。

　　內湖要進入市區須跨過基隆河，由東至西分別為成功橋、環東大道、麥帥二橋，以及民權大橋等主要通道。因此，內湖交通壅塞的主要原因在於：1.跨過基隆河的通道不足；2.內湖多山，道路狹窄且數量有限；3.內湖科學園區上班族群多，車輛流量大，尤其是上下班的時段。可見，內湖交通問題的癥結點，在於內湖科學園區之上下班時段。

　　要解決交通壅塞問題，有兩種方法：一為分散流量；二為停止流動。

a.分散流量：

　　分散流量可以增加通道來分散，或以癥結點來分散。前者如增建道路、橋樑、隧道、捷運等，但需要很長的時間；後者如園區遷廠或以其他園區取代部分，來分散尖峰時段的流動，但也是需要時間，且需要園區企業願意配合，此等皆緩不濟急。

b.停止流動：

停止流動即在癥結點著手,讓他內部自足,停止與外部的流動。

不管是過去或是現在,皆有不少政治人物或民眾建議,增建跨基隆河的大橋或隧道,以及以其他園區取代部分內湖園區來分散尖峰時段的流動。然而,以內湖交通壅塞的問題而言,增建跨基隆河的大橋,或隧道的效益有限,除施工時間很長,工程費很高外,主要是受到內湖多山道路狹窄所限。除非隧道直接打通到內湖科學園區,但這可能性很低。增建捷運線的效益就非常高,但目前所規劃的環狀南北線,如果施工順利的話,也要等到118年才能通車,市民還要苦撐17年,緩不濟急。

解決之道:

內湖交通壅塞的問題,應分兩階段來解決。第一階段為短時間即可解決;第二階段為長時間才可以解決:

a.第一階段:

甲.以行政等手段,鼓勵園區企業自行或與民間合作,提供跨區通勤員工宿舍,以減少人口流動。

乙.社會住宅優先在內湖區興建,提供跨區通勤族租宿,以減少人口流動。

丙.以行政等手段,鼓勵園區企業提供,非必要一定時間內上班的員工,彈性上下班的方便,但每天必須上

滿公司規定的時數，如設計師、工程師等，以分散尖峰時段的流動。

丁.配合園區企業彈性上下班，管制跨越基隆河的通道，限時流量，以發揮1＋1大於2的功效。也就是說，把1小時10萬輛的流量，分散為2小時來流動，如此1小時的流量便減壓一半，只剩5萬輛的流動。

b.第二階段：

甲.環狀南北捷運線完工後，可大量分散人口流動，減輕跨越基隆河的橋梁，以及延伸道路的流量。

乙.從1高與3高交叉流道，延伸一條高速路至內湖科學園區，並分為汽車道及機車道，提供開車族通勤，以分散車子流量。

第二階段完成後，即可依情況逐漸取消第一階段的措施。C.老舊建物安全與市容：

臺北市雖為首善之區，然而老舊建物居六都之冠，超過30年的住宅在整體住宅約占七成，超過50年建物大概也有11.5萬棟，以及危老要重建的更高達23萬棟左右，不僅影響市容，更威脅到市民的安全。歷任市長都知道都更的重要性，但為何至今都更依舊停滯不前，究其原因實為利益問題，尤其是釘子戶最讓人頭痛。

解決之道：

a.重新檢討都更法規與條件，適當放寬與鼓勵。

b.危險建築物，強制都更，但以和為貴的方式解決，也就是棍子與蘿蔔的理論，軟硬兼施。

c.老舊建築物，鼓勵都更；不願都更者，要求健檢安全性證明，並適當補助其整容，以解決市容問題。

d.對於都更建商，加強管理與稽察，以確保市民權益。

D.房價特高幸福感特低：

根據2022年第一季國泰房地產指數公布，臺北市首度站上〝三位數〞、一舉漲破每坪平均106萬元，為全臺最高房價，新北則為49.72萬元、桃園33.09萬元、新竹36.84萬元、臺中38.74萬元、臺南27.01萬元，以及高雄28.98萬元。

根據《比薪水》網站的統計，臺灣六都平均薪資，分別為臺北42,464元、新北40,909元、桃園40,885元、臺中35,956元、臺南39,262元，以及高雄36,586元。臺北市的平均薪資雖為六都之冠，卻低於新竹的50,163元，排名第二。也就是說，臺北市為全臺最高的房價，卻不是最高的薪資，且房價高於第二的新北每坪49.72萬元，高出兩倍之多，而薪資卻只高出第三新北的4%。可見，生活在臺北市的市民，壓力有多大，難怪其幸福感特低。

歷任市長都知道，生活在臺北市的市民，壓力非常

大，生活費什麼都高，尤其是高房價更讓年輕人買不起。雖然中央政府或歷任市長為抑制高房價，訂立很多措施，如實價登入、房地合一稅、貸款成數與利率、預售屋合約禁止轉售、限制私法人購屋，以及炒房重罰等，但成效似乎有限，房價依舊飆漲。放眼世界，名都的房價，都是如此，非臺北市所獨有。

自由經濟市場，其價格之變化，主要由供給面與需求面來決定，供需失衡才會造成價格上漲或下跌的波動。根據內政部108年住宅資訊統計，臺北市的家戶數為102.5萬戶，住宅數則為95.8萬宅，是全臺唯一供給不足6.7萬間，也是全臺空屋率僅7.5%最低的地區，加上外來就職的租屋數，其供不應求的狀況，更是雪上加霜，也因供不應求，也讓投機客有炒房的條件與機會，房價當然會持續上揚。只要供不應求這個問題不解決，任何打房的措施，其效果都會不佳。

要解決供不應求的問題，有兩種方法：一為增建房子戶量；二為減少人口戶量。其解決之道合併在〈**如何解決市民六大需求・居住需求**〉這個單元說明。

E.大巨蛋城市之光待解：

臺北大巨蛋，採用民間興建營運後轉移模式（BOT）的方式，公開招標，原預計於2015年底就能完工啟用，後因停工導致時程延後，雖預計2022年完工啟用，但目

前來看已不可能完成。其中原因，錯綜複雜，純技術問題容易解決，但參雜政治問題就難解。

解決之道：

要解決大巨蛋的問題，也有兩種方法：一為技術性問題解決；二為政治性問題解決：

a.技術性問題解決：

依內政部營建署的檢驗缺失，具體改善。

b.政治性問題解決：

基於臺灣的政黨或政治人物，私利大過於公益，所以無黨籍候選人只要宣布，我當選後只要誰協助大巨蛋解決問題，我就支持誰，便會產生效果。

至於是政黨候選人，如果綠營當選，基於綠營執政，大巨蛋問題馬上就獲得解決；如果藍營當選，基於是執政黨的死對頭，大巨蛋的啟用就有可能會拖到，2024年總統大選後，接著不管誰執政，再杯葛大巨蛋就毫無意義。

F.松山機場擾民威脅高：

位於臺北市中心的松山機場，有幾個缺點：

a.萬一發生空難，會波及附近的民宅、大樓，以及

人民的安全。

b.機場噪音，影響周圍居民的安寧；引擎廢氣汙染市區空氣品質。

c.松山機場與國防部的直線距離只有1公里，無論面對軍事或恐怖的攻擊，這個距離會讓我們措手不及，尤其是松山機場被指定為與大陸直航的機場，如果中共利用民航機入侵臺灣，後果堪慮。

d.松山機場主要為國內航線及兩岸直航，但自從高鐵通車後，兩者來往時間差不多，飛機票價則高於高鐵票價三倍之多，因此而沒落；兩岸直航，又礙於國防安全的顧慮，可見其弊大於利甚多。

e.松山機場將近400公頃的土地，只要用在商業用途，便有很大商機，也便有建商、開發商、大企業等許多人覬覦，尤其是政治人物的介入，更是利益糾葛，難分難解，將造成停滯不前，曠日廢時的後果。也就是現在各方角力的結果，到目前都僵持不下，所以最好的做法就是維持現狀。

過去有甚多人士，尤其是政治人物，以上述等理由主張遷移，也有人以利大於弊反對遷移，至今仍未有共識。松山機場弊大於利甚多，非常明確，要解決松山機場的擾民與威脅，唯一的辦法就是遷移，歷任市長都知道，贊成遷移的人也比反對的人高出許多，然為何遲遲

未見動作，究其原因，主要為商人開發利益問題，必先獲得解決。可見，松山機場的土地，應避免規劃在商業用途上，商人開發利益問題，便迎刃而解。

解決之道：

要解決松山機場擾民與威脅的問題，有兩種方法：一為松山機場廢除；二為作為中央用地：

a.松山機場廢除：

松山機場啟用於民國25年，至今已超過80年的歲月，是一個非常老舊的機場，如果以遷移方式，將有後續很多問題要處理，以及需要長時間才能完成。理應配合桃園機場的〝第三航廈與第三跑道〞，完工啟用後直接廢除，短時間內即可完成。

b.作為中央用地：

將總統府、五院，以及五院所屬的各部會，遷移至此。其優點有：

甲.鞏固國防上的安全：

國軍聯合作戰指揮中心之衡山指揮所，與國防部在大直，雙方隔著基隆河，僅幾公里之遠，可以隧道連通，萬一發生戰爭或恐怖攻擊時，總統可立即率文武百官，安全進入衡山指揮所指揮作戰，有助於鞏固國防上的安

全。

乙.改善交通上的壅擠：

總統府及五院等的遷移，將連同龐大的上班人口，尤其是總統等高官出入的交通管制，轉出交通壅塞的路段，對於臺北市壅擠的交通，會有很大的改善。

仁愛路及附近的道路，是交通樞紐，每當民眾的陳情、抗議、示威、遊行等，都使臺北市的交通癱瘓，造成市民非常不便。總統府及五院等遷移到松山機場，其腹地大，交通四方八達，可以提供民眾較好的抗議環境，也可以紓緩臺北市的交通。

丙.緬懷國家歷史公園：

總統府及五院的房舍，多數為日本侵略臺灣時所留下的建築，是殖民臺灣人的象徵，今又用在臺灣最高統治的機關，實在是很大的諷刺，難道臺灣沒有能力建設屬於自己的總統府嗎？

因此，將總統府及五院的日本建築，以古蹟保存，並與二二八和平公園合併為〝國家歷史公園〞，承載著臺灣人奮鬥的歷史，奮鬥的血淚等重大事件，還有那日出而作、日落而息的歡樂！讓國人有個緬懷先民的歷史公園。

丁.增加綠地改善品質：

臺北市雖為首善之區，然人多、車多，所排放的二氧化碳更多，嚴重影響空氣品質。空氣品質不好，直接衝擊到市民的健康，更增加醫療經費的支出，所以歷年來一直為市民所詬病。

國家歷史公園成立後，可大量植被種樹，以增加綠地來改善臺北市的空氣品質。也可以提供市民休閒運動的好去處，讓市民的生活品質更好。

2.如何解決市民六大需求：

美國心理學家馬斯洛的《需求層次理論》：1.生理需求、2.安全需求、3.愛與隸屬需求、4.尊重需求、5.自我實現需求。可見，人類最基礎的需求便是生理需求，也就是溫飽等。所以，人類的所作所為，小至日常三餐，大至圖國民生計，無非求溫飽而已，一切須在溫飽之餘，方能再依需求層次而談理想。故要贏得全臺北市民的支持！除要解決他們的困擾，更要滿足他們的需求。而放諸四海皆準的人民需求有：

A.食安需求：

古云：「民以食為天」、俗云：「榮辱事小，生死事大。」，人類日出而作，日入而息，一生庸庸碌碌所為何事，只不過〝生存〞二字而已。然生存最基本的需求，便是食品供給，而供給的食品必須安全無慮，方能確保生命無憂。

根據統計，臺灣自1979年起至今，相繼發生米糠油中毒、假酒、瘦肉精、四環素的肉品、塑化劑、黑心油（油品摻銅葉綠素、地溝油、飼料油、工業用油）等事件高達近200件，這些案件皆被證實，且多數由地檢署提起公訴，沒被證實者還不知凡幾。臺灣的食安幾乎每年都會發生，尤其是2014年一年中竟達19次之多，其中又以餿水油、回鍋油、飼料油混充食用油最為惡劣，危害生命也最大。我的朋友說：「**我將我的女兒捧在手掌心，以侍奉公主的心態養我女兒，沒想到頂新集團魏應充竟將我女兒當豬養。**」可見民眾之不平。

　　臺灣為何無法杜絕食安事件，主要原因在於懲罰太輕，魏應充只判處2年徒刑定讞，在服刑500多日後，三度聲請假釋終獲同意。2018年偽造礦泉水販售的李姓男子、陳姓女子製造60多萬瓶偽造水，不法獲利高達336萬元，檢察官卻以5萬、2萬交保，而衛生局僅命限期改善，若不改正，可以處以3萬以上、300萬元以下罰鍰而不罰，如此輕罰甚至不罰，等於變相鼓勵犯罪，實有待解決。

解決之道：

a.建立即時通報平臺，讓全民監督食品安全，隨時通報，以嚇阻不法商人。

b.成立食安稽查小組並招募志工，尤其是退休人員，定

時到各交易市場稽查。

c.全面檢討食品安全法規，只要有危害市民的健康，一律排除，有疑慮則暫緩交易，如日本福島核災地區所生產的食品進口，或美國牛肉涉及狂牛病、瘦肉精等問題的進口。中央有中央的考量，地方也有地方的做法，一個市長如果連市民的健康都無法捍衛，那有何顏面見市民？市民要你這個市長做什麼。

d.凡違反食安法者，雖依情節輕重懲罰，但以重罰為原則，甚不惜吊銷執照，並依法追究責任。

B.居住需求：

臺北市雖為首善之區，其高房價卻是全國之冠，根據市政府的統計，年輕人要不吃不喝14年，才能在臺北買間房子住下來，更遑論相對於弱勢的族群。這也就是說，年輕人要靠自己賺錢買房子是不可能，因14年後房價又不知要漲到什麼高價。

住宅不是商品，是人民的基本需求，臺北市住宅存量將近100萬戶，約有80%為自有住宅，20%則為租屋市場。在居高不下的人口數，狹隘的住宅市場，導致只漲不跌的房價，儘管市政府積極興辦社會住宅，仍趕不上市民的需求量。如前所述，臺北市的房子居高不下，乃因供不應求的問題所致，故截至目前為止，還見不到任何解決這個問題的曙光。

解決之道：

要解決供不應求的問題，有兩種方法：一為增建房子戶量；二為減少人口戶量。

a.增建房子戶量：

全國從中央到地方，從北部到南部，均在大量的興建社會住宅，讓無殼蝸牛有個安身立命的地方，也幾乎是所有政治人物想獲取選票的政見，尤其臺北市是全臺唯一供給不足需求的地區。因此，競選北市的候選人，也幾乎以大量興建社會住宅為政見主軸。然而，卻有諸多負面問題：

甲.大量興建社會住宅，雖為解決無殼蝸牛居住問題，但不管是賣或只租不賣，價格約為市場價的8折，便宜兩成。根據臺北市地政局的統計，今年5月每坪成交均價為57.44萬元，總價為1,804萬元，便宜兩成等於每坪45.95萬元，總價為1,443萬元。對於薪資階級或弱勢的人而言，依舊買不起。而租屋平均一間套房租金，市價一個月近2萬元，便宜兩成等於1.6萬元，臺北市的平均薪資為42,464元，幾乎是薪水的三分之一，薪資階級或弱勢的人，還是租不起，更遑論要租一個家庭的坪數，他們只能委屈去租條件差租金較便宜的房子。可見社會住宅的興建，並沒有照顧到薪資階級或弱勢族群，反而便宜了中高階級的人，辜負政府的美意，也讓低階

的人更加氣憤。至於限制購買或租社會住宅的條件，那也只是條件，變通方式很多。

乙.臺北市2022年7月底的戶籍人口約有246萬人，人口密度每平方公里約有9,060人，全國人口排行雖為第四，但人口密度則居最高。臺北市面積雖有271.79平方公里，但地勢平坦之都市發展區僅125.68平方公里，占46.42%，卻承載近23萬棟建築物，且大部分集中在大安、大同、松山、中正、萬華、中山等市中心的區域，其建築物的密度也是全國之冠。人口與建物過度密集，人多吵雜，將影響空氣品質、交通與治安，降低生活品質，故不宜大量興建社會住宅，以免雪上加霜。

丙.市府財政固定，興建社會住宅需龐大經費，勢必排擠效應衝擊到其他如教育、建設、社會福利等預算。也不宜增加預算，而債留子孫。

可見，大量興建社會住宅，對於臺北市並不適合。可從危老建築物〝都更〞著手，危老建物大都超過30年以上，且多為低層樓，改建高層樓後，地基不變，房子戶量至少增加五倍以上，如此便可解決供給面不足的現象，房價自然下跌，也可以解決老舊市容的問題，市府不出一毛錢，又可增加稅收；但必須要有以下的做法：

a.重新檢討都更法規與條件，適當放寬與鼓勵。

b.危老的23萬棟建物，強制都更，但以和為貴的方式解

決，也就是棍子與蘿蔔的理論，軟硬兼施。

c.對於都更建商，加強管理與稽察，以確保市民權益。

b.減少人口戶量：

臺北市的人口與戶量密度過高，以致房宅供不應求，房價居高不下，市民生活困難，只好遷離臺北市。可見，房價過高，是造成臺北市人口流失最大的主因。根據內政部戶政司人口統計資料顯示，2020年臺北市人口還有260萬2千多人，到2022年7月底只剩下246萬人左右，一年多的時間流失14萬2千人，減少約5.5%。這種自由經濟市場的自然流失，對房宅供不應求、抑制房價、改善環境等皆有很大的幫助，理應尊重自由市場的機制，等到房宅供需平衡，再加上應用行政等手段禁止炒房，房價自然下滑平穩，人口流失也自然止住。

C.環境需求：

臺北市為盆地環境，海拔高度在 20 公尺以下，地勢低窪平坦，四周群山環繞。山區雨水匯集，形成基隆河、景美溪、新店溪，以及大漢溪，流進盆地中，再匯入淡水河。盆地環境之先天缺點，即是夏天很熱，冬天很冷，容易產生溫室效應致空氣品質較差。雖是如此，但臺北市空氣品質差、交通壅擠、老舊市容，以及水泥文化過多等因素，是後天造成的。

解決之道：如以下〈如何打造市政六大願景‧打造宜居環境〉單元所述，在此不贅陳。

D.交通需求：

臺北市發生交通壅擠，主要在上下班，以及民眾示威遊行的時段。

解決之道：

a.如前述之以行政等手段，鼓勵臺北市企業提供，非必要一定時間內上班員工，彈性上下班的方便，但每天必須上滿公司規定的時數，如設計師、工程師等，以分散尖峰時段的流動。

b.配合企業彈性上下班，管制進入臺北市的橋樑，限時流量，以發揮1＋1大於2的功效。

c.依上述之〝減少人口戶量〞，讓自由機制降低臺北市所承載的人口數。

d.依下述之與宜蘭聯手，讓宜蘭成為臺北市民居住的後花園，以降低臺北市的人口數。

e.如前所述，將總統府及五院等，遷移至松山機場，即可解決民眾示威遊行對交通的衝擊。

f.以行政等手段，鼓勵民眾多利用大眾運輸工具，尤其

是興建中的信義線東延段、萬大中和樹林一二期、環狀南北線，以及規劃中的社子線、民生汐止線、環狀線東環段等相繼完工後，臺北市擁擠的交通便可改善。

E.養育需求：

所謂〝養育〞，即指奉養老人與奶育幼童。臺灣乃至世界，基本上都碰到人口老化與出生率下降的問題，人口老化直接帶來：一是勞動力的不足；二是社會安全體系難以為繼；三是長期照顧工作的能量不足。會導致人口老化的原因雖然很多，如生活水準提高、醫學發達提高人類壽命等，但主要原因是出生率的下降，使得整體人口結構失衡，甚至衝擊到國防上的安全。

而出生率下降的原因雖然也很多，如職場對孕婦不友善、沒時間照顧小孩、享受兩人世界等，但主要原因在於低薪養不起小孩、買不起房子給孩子一個家。為解決這個問題，從中央到地方，從總統到父母官，皆以補助生育津貼，有些候選人甚至畫大餅喊出讓國家來扶養，卻不知道龐大經費哪邊來。這不只是不負責任，且補助方式是治標而不治本，養個小孩豈是一個月幾千元的補助，就能發生效果。

解決之道：

如何解決少子化與人口老化的問題，不僅是地方的問題，更是中央要解決的問題，其方法有二：一為增加

收入；二為減少支出：

a.增加收入：

配合行政院已推動〝提高全民薪資行動方案〞，共10大因應政策。除正常薪資外，市府可再增加市民所得的管道，如放寬加班的限制、創造第二份收入等，以增加市民所得。

b.減少支出：

一個家庭主要的支出，大致為：房貸、日常生活，以及照顧父母、養育小孩。在房貸部份：

甲.抑制房價：其解決之道在《如何解決市民六大需求‧居住需求》的說明。

乙.提高貸款，延長還款：以行政等手段，要求市立銀行對於首購市民提供九成貸款，並以最低利率還款；一成頭期款則以信用貸款為之，但要有保證人且有能力償還的人士擔保；同時延長還款期限至40年。簡單說，首購市民不需要自備款也買得起房子，繳得起房貸。

在日常生活部份：

甲.中央穩定物價：穩定物價為中央政府重要政策目標。行政院之〝穩定物價小組〞，視國內物價情勢需要，加強從上、中、下游之生產到銷售的整體流程掌握與監

控，並適時採取各項穩定物價措施，確保穩定民生物價，以保障消費者權益。

　　乙.市府穩定物價：以行政等手段，要求市府所屬之〝臺北農產運銷股份有限公司〞，發揮穩定物價功能，杜絕產地至消費者之間的剝削，嚴禁供應商哄抬價格，並招募義工稽查各個市場。

　　在照顧父母部份：

　　甲.老人幸福莊園：把原市府興建社會住宅之預算，在臺北市或下面所述《如何打造市政六大願景‧打造宜居城市‧與宜蘭聯手》之適當地區，興建〝老人幸福莊園〞的社會住宅，提供老人一個安享晚年的生活，不只可以減輕年輕人的生活壓力，又可降載臺北市的人口壓力，改善臺北市的環境。

　　乙.老人幸福公車：在老人幸福莊園內，找較年輕的司機、醫護等人員，每天開著公車，輪流帶著老人家到處走走，說說故事給他們聽，讓他們每天都快快樂樂。家人可在假日接回小聚，或前來探望，如此不只可以減輕年輕人的生活壓力，又可減少不孝的子女。

　　在養育小孩部份：

　　甲.幼兒幸福莊園：把原市府各種小孩補助之預算，在現有公立或願意聯盟之私立幼兒園，打造成〝幼兒幸

福莊園〞。配合父母的上下班時間，24小時照顧幼兒。也就是說，在父母不方便的時間或小孩生病期間，可以將小孩留在幸福莊園內，由專業人員照顧。人力不足的部分，可透過招募義工並加以訓練來支應，臺灣有愛心的人很多，尤其邀請慈濟等參與。如此不只可以減輕年輕人的生活壓力，又可讓小孩有個美麗的童年生活。

　　乙.禁止越區就讀：越區就讀父母接送不方便，又增加人口流動，影響交通及空氣品質。所以，禁止越區就讀可以減輕年輕人的生活壓力，又可改善臺北市的環境。

F.休閒需求：

　　適度休閒為身體健康之必備，如何提供市民一個優質的休閒場所，是身為市長所應該做的事，其做法如下：

a.每一區有一大型綠地公園，每一里有一小型綠地公園，足以提供市民休閒運動的好去處。

b.每一區有一大型活動中心，每一里有一小型活動中心，並強化其內容，足以提供市民健康運動的好場所。

3.如何打造市政六大願景：

　　A.打造宜居城市，有下列幾點要做：

a.每一區有一大型綠地公園，每一里有一小型綠地公園，足以提供市民休閒運動的好去處。

b.推動成立前述之〝國家歷史公園〞。

c.減少水泥文化，大量植被種樹成為綠色城市。

d.與宜蘭聯手，讓宜蘭成為臺北市的副都，成為市民居住的後花園，並利用高鐵、高速公路等建設，使兩地往回如北市境內的時間。鼓勵市民，大量移居宜蘭，以減少北市人口戶量，改善空氣品質、交通壅擠，以及生活環境等，讓臺北市成為最適合居住的城市。

e.提高市民福利，簡便戶籍登記，讓移居至臺北市周圍，但在臺北市任職的民眾，願意將戶籍留在臺北市，以防作為首善之區的都會，人口大量流失，但不歡迎幽靈人口，瓜分市民福利。

　　B.打造國際城市，在歷任市長的努力下，臺北市在國際間已有相當的聲望，接著有下列幾點要做：

a.舉辦國際競賽，國際展覽等活動。

b.加強與世界名都建立友誼、姊妹市等，此皆為有效提升臺北市在國際聲望的好方法。

C.打造智慧城市，有下列幾點要做：

a.21世紀為知識經濟，是數位科技的時代，理應將數位科技結合於市民生活中，不管是住宅、辦公大樓、環境交通，以及休閒運動等，皆能讓市民在安全、舒適、

便捷等環境中生活。

b.應用行政等手段，先從市府所屬的事務做起，進而推廣到公司行號，以至民間，最終成為智慧城市。

　　D.公平正義城市，是現任柯市長所推動的願景，我將傳承並發揚光大，因人類在先天上，有著生而不公平的現象，生在富豪之家，終身不用做事，也可以享受榮華富貴；生在貧困之家，終身要努力奮鬥，才有可能改善生活。人類對於先天上的不公，我們也只能嘆息而無可奈何！但在後天上，人生而平等，應力求公平，才符合正義原則。故市府應提供一個立足點的平等，而後經由個人的努力而有不同的結果。因此有下列幾點要做：

a.取消明星學校，資源重新分配，包含校長等師資的輪調，校舍尤其是教師宿舍的增建須滿足師資的輪調、圖書儀器等的增購，並取締學區幽靈戶籍，以減少人口流動，影響交通。

b.重新檢討補助政策，制定標準，使得更合理。如幼兒、老人津貼等，幾千元的津貼補助對於有錢人而言不痛不癢，對於沒錢人則大有助益。所以，在市府有限的財政下，應發揮到最大的邊際效益，把省下來的錢補助弱勢團體，更符合正義原則。

c.使用者付費原則，用與沒用，其付出代價皆相同，這種齊頭式的公平，本身就不公平。所以，市府將透過

行政等手段，執行使用者付費，以達到真正的公平。

d.成立稽查隊，大量募集義工，蒐集查緝不公不義的事件，落實北市為公平正義的城市。

　　E.人文關懷城市：也是現任柯市長所推動的願景，我亦將傳承並發揚光大。臺灣以至世界，貧富懸殊越來越大，窮者越來越窮，賺錢越不容易，富者越來越富，賺錢越容易，這也是不公不義，以及產生仇富的現象，社會也容易發生動盪。因此有下列幾點要做：

a.市府在有限的財政下，盡量編高預算，以協助弱勢團體走出困境。

b.以行政手段，鼓勵民間多設立人文關懷的社會團體，運用大企業多設籍在臺北市，可以有效募款，並以認養方式，協助弱勢團體，或環境，或動物等走出困境，且嚴格稽查，以防弊端。

c.以稅賦手段，鼓勵民間企業捐款，並限於臺北市的人文關懷團體。把減少的稅收，轉換成至少一倍以上的捐款，用於協助弱勢團體走出困境。並把減少的稅收，呼應於減少協助弱勢團體的預算，如此市府財政不變，弱勢團體卻能增加補助，而企業也樂於做善人。

d.落實佛家所講的眾生平等，使老有所終，壯有所用，幼有所長，矜寡孤獨廢疾者，皆有所養。

F.市民參政城市：亦是現任柯市長所推動的願景，我也將傳承並發揚光大。民主政治乃以民意為依歸，故建立〝市民意見反映及民調平臺〞，讓市民直接參與市政管理，是落實民主政治的表現。凡重大建設、爭議問題，以及預算等，皆可表達參與管理，或透過民調來決定，少數服從多數，市民也較能信服；也可防止政治人物，以及名嘴等地各說各話、無端批評、口水戰的惡質文化發生。該平臺，必須建立在可受公評的基礎上，方能讓人信服，大家也才願意遵守。

總的來說，打造一個舒適環境、便捷生活、正義社會、關懷國度，以及市民參政的國際名都，是我一生從政的願望。而所有的措施最終目的，在於使老有所終，壯有所用，幼有所長，矜寡孤獨廢疾者，皆有所養，使臺北市真正成為首善之區，並為各縣市模倣之典範。

（四）、檢驗結果可行性：

檢驗《2022參選政見白皮書》的可行性與衍生問題

提出項目		解決方案簡述	權責	經費	可行性	衍生問題
1. 解決市民六大困擾	A.停車困難與拖吊麻煩	a.業者提供停車場 b.開放臨時停車 c.增設停車位 d.收回外包拖吊	市府	不用經費	可行	需說服業者
	B.內湖交通非常的壅塞	a.業者提供宿舍 b.優先社會住宅 c.彈性上下班 d.通道限時流量 e.環狀捷運完工 f.延伸高速至內科	市府中央	市府財政／中央補助	可行	需說服業者 需說服中央
	C.老舊建物安全與市容	a.放寬都更法規 b.危險建物強制都更 c.老舊建物鼓勵都更 d.加強稽察建商	市府	不用經費	可行	可能引起當事者不滿
	D.房價特高幸福感特低	a.都更增加房子戶量 b.自然減少人口戶量 c.行政手段禁止炒房	市府	不用經費	可行	可能引起當事者不滿
	E.大巨蛋城市之光待解	a.技術性問題解決 b.政治性問題解決	市府	不用經費	可行	中央可能刁難
	F.松山機場擾民威脅高	a.廢除松山機場 b.遷移總統府及五院等到松山機場 c.成立國家歷史公園	市府中央	市府財政中央財政	可行	需說服中央／牽涉民意

2.解決市民六大需求	A.食安需求	a.建立即時通報平臺 b.成立食安稽查小組 c.全面檢討食品法規 d.禁止日本核災食品 e.禁止美國問題牛肉 f.違反食安法者重罰	市府	市府財政	可行	可能需要中央配合修法
	B.居住需求	a.都更增加房子戶量 b.自然減少人口戶量 c.行政手段禁止炒房 d.加強稽察建商	市府	不用經費	可行	可能引起當事者不滿
	C.環境需求	a.增加大小綠地公園 b.成立國家歷史公園 c.大量植被種樹	市府中央	市府財政中央財政	可行	需說服中央
	D.交通需求	a.彈性上下班 b.通道限時流量 c.自然減少人口戶量 d.遷移總統府及五院 e.捷運陸續完工	市府中央	市府財政中央財政	可行	需說服業者 需說服中央
	E.養育需求	a.提高貸款延長還款。 b.老人幸福莊園。 c.老人幸福公車。 d.幼兒幸福莊園。 e.禁止越區就讀	市府	市府財政	可行	需說服銀行 原市府社會住宅預算 原市府各種小孩補助預算
	F.休閒需求	a.每一區每一里都有大小型綠地公園。 b.每一區每一里都有大小型活動中心。	市府	市府財政	可行	在現有的基礎上加強

3.打造市政六大願景	A.打造宜居城市	a.增加大小綠地公園 b.成立國家歷史公園 c.大量植被種樹 d.與宜蘭聯手成為市民居住的後花園 e.提高市民福利讓民眾將戶籍留在北市	市府縣長中央	市府財政中央財政	可行	需說服中央 需與宜蘭縣長協商
	B.打造國際城市	a.舉辦國際活動 b.加強與世界名都建立姊妹市	市府	市府財政	可行	可能需要中央補助
	C.打造智慧城市	a.結合科技於生活中 b.市府所屬事務先做	市府	市府財政	可行	在現有的基礎上加強
	D.公平正義城市	a.取消明星學校 b.讓補助政策更合理 c.使用者付費原則 d.成立稽查隊	市府	市府財政	可行	可能引起當事者不滿/家長反對
	E.人文關懷城市	a.協助弱勢走出困境 b.鼓勵關懷社團成立 c.鼓勵民間企業捐款 d.落實眾生平等	市府	市府財政	可行	需說服企業
	F.市民參政城市	建置市民意見反映及民調平臺	市府	市府財政	可行	公信力做不好可能引起爭議
備註說明		1.基於臺灣的政黨或政治人物，私利大過於公益，所以牽涉到中央，無黨籍候選人只要宣布，我當選後誰協助臺北市解決問題，我就支持誰，便會產生效果。 2.至於政黨候選人，如果綠營當選，基於綠營執政，大巨蛋問題馬上就獲得解決，其他政見牽涉到中央，也容易得到支持；如果藍營當選，基於是執政黨的死對頭，大巨蛋的啟用就有可能會拖到2024年總統大選後，接著不管誰執政，再杯葛大巨蛋就毫無意義。				

（五）、動機論是否良善：

　　思考一下！問題解決的方法與結果，符不符合法律與道德規範。**符合！**

（六）、競選口號：

　　　　　　六大需求我來接，
　　　　　　六大困擾我來解；
　　　　　　六大願景捨我誰？
　　　　　　順順利利首都最！

二、中央選舉白皮書

中央選舉之白皮書,將以競選總統為例,說明如下:

首先思考一下!

(一)、我的目的是什麼?

我要參選當總統,需要獲得全國人民的支持!

(二)、我要用什麼方法?

※首先分析選舉環境:

1.選民分析:

臺灣人的國民性,大致來說樸實善良、堅忍強悍、自卑自大,以及逆來順受。其中,樸實善良帶給臺灣人感性的懂得〝感恩〞,也就是「受人點滴之恩,當湧泉以報。」而不太在意是非;堅忍強悍與自卑自大成了臺灣人〝死鴨子嘴硬〞的特徵,也就是非理性的「魚死網破,玉石俱焚」。如果惹火他,他便不惜跟你拚死到底,來個玉石俱焚也在所不惜。所以說,自卑的人會導致自大且自尊心特別強;而誰最勇敢,不要命的人最勇敢。簡單說:懂得感恩、逆來順受,以及死鴨子嘴硬,便是臺灣人的性格。臺灣人普遍熱衷政治,可以為支持不同政黨或候選人而親友鬧翻,甚至有夫妻因而離婚的現象。

　　而如果以區域來分，因教育水準、生活環境等的不同，各地區的性格也有顯著不同。如臺北市為首善之區，市民素質與生活值為全國之冠，多為知識分子，理性務實而明是非，但性情比中南部人冷漠，較關心自身利害關係。所以大致上：

　　越靠近北部地區：人民越較理性務實而明是非，相對也比較關心自身利害關係。

　　越靠近南部地區，人民越較感性死忠而勝過是非。

　　越靠近中部地區，人民越是北部與南部的中和。

　　而東部地區，是原住民部落高度密集的地方，其性格比較單純直爽、忠義堅忍，以及樂天知足而顯得慵懶。

2.國家困境：

　　A.兩岸對立，瀕臨戰火。

　　B.外交孤立，難於突破。

　　C.電力不足，影響經濟。

2.人民需求：

　　A.食安需求：

　　B.居住需求：

C.環境需求：

D.交通需求：

E.養育需求。

F.休閒需求。

3.國政願景：

A.兩岸和平共榮；

B.打造宜居國家；

C.打造旅遊國家；

D.公平正義社會；

E.人文關懷社會；

F.人民參政社會。

※接著分析選情結構：

1.政黨版圖：

臺灣人口的結構，以大陸遷徙過來的漢人佔絕對多數，加上80年代以前所受的教育，是完整的中國傳統教育，如果用二分法且大致上說，並以四十歲為分水嶺，以上稱之上一代，以下稱之下一代。在80年代前，支持

藍營的人約佔三分之二，支持綠營的人則不到三分之一。隨著時間遷移，教育與視野的改變，以及上一代人的凋零，下一代人的興盛，尤其下一代人對於血緣等中國文化觀念，因遙遠而淡薄，兩陣營的支持度產生根本上的改變。現在，支持綠營的人快要超過藍營的人，且還不斷的擴大中，如果藍營不做出改變，取得下一代的認同恐有滅絕之虞。為了生存，藍營勢必會放棄〝一中原則〞的堅持，朝向下一代〝一邊一國〞的認同，其他政黨更不會認同一中原則，而失去下一代的選票。因此，兩岸的對立會越來越嚴重，對國家的困境更是雪上加霜。

　　現在臺灣的選舉，基本盤大致上藍綠各占三分之一，中間選民亦占三分之一，但自從白營崛起後，臺灣的選情結構也發生變化。目前臺灣政黨版圖平均的基本盤，如果以藍、綠、白、中間選民，其他政黨不算。藍30%、綠30%、白8%、中間選民32%。藍綠白之深淺，雖然有別，但總的來說，藍色做得再好，綠色也不會投給它，反過來亦是如此，這就是政黨惡鬥的可惡。而中間選民多為知識份子，討厭政黨惡鬥，他們大致可分成年輕人與非年輕人，年輕人的特徵，在於非理性的好惡，喜歡標新立異，偏愛白營。非年輕人的特徵，在於成熟理性，較能為大局著想。從基本盤來看，臺灣選舉的勝負，關鍵在於中間選民，他們往哪邊靠，哪邊就贏。如何爭取中間選民的認同，是選舉唯一要做的事。

另一個影響勝負的因素，即棄保效應。棄保效應發生在三組候選人以上，且三足鼎立，實力差距不大。如以2018年臺北市長選舉時為例，白營為柯文哲、藍營為丁守中、綠營為姚文智。當綠營無法勝選時，他們寧願白營當選，也不願讓藍營執政，棄保現象自然發生，柯文哲能當選即是一個明證。當然，大致上棄保效應只會發生在具有黨性的政黨，較不會發生在中間選民。同質性的候選人，被棄者則為民調較低的候選人。

2.選情現況：

　　2024年總統選舉，根據目前的觀察，藍、綠、白均會推出候選人，白營的參選將吸收相當年輕人及中間選民的支持，以致藍、綠差距不大，白則從8%基本盤，跳躍至20%上下。白營的參選，對藍營影響有限，對綠營則影響較大，最終形成三強鼎立，其他政黨等的候選人，只能陪襯。然而，藍、綠各占三分之一的基本盤，大致不會變，白營縱能獲得三分之一中間選民的支持，也無法勝選。所以要想辦法獲得藍、綠部分選票，才有可能贏得這場選戰。

　　2024年的總統選舉，郭台銘是顆活棋，可以左右這場選舉，因他比柯文哲更受年輕人及中間選民的愛戴。茲分析如下：

　　A.郭台銘代表國民黨參選：除可獲得藍營三分之一

基本盤的選票，也可以獲得相當部分中間選民的支持，縱然綠營棄保支持白營柯文哲，郭台銘的得票率也會超過五成，當選機率非常高。

但政治人物的特徵，就是自我感覺良好，國民黨之黨主席朱立倫、侯友宜等，並沒有遠見及心胸，能禮讓郭台銘嗎？屆時國民黨之內部，將有一場廝殺，搞得烏煙瘴氣。

B.郭台銘以無黨籍參選：可獲得藍營及中間選民相當部分的支持，足以與藍、綠、白四強鼎立。綠為第一、藍與郭台銘為實力相當、白為第四。這時，會發生棄保效應，藍營支持者會棄藍候選人而保郭台銘，郭台銘當選機率就高，支持郭台銘者多數為中間選民，較不易發生棄保現象。而綠營則沒有機會棄保給白營柯文哲，因綠營會是這四組候選人的民調最高，綠營候選人沒有理由也沒有遠見及心胸，會在投票前發動棄保效應。

C.郭台銘與柯文哲搭配參選：可獲得相當部分的藍營、白營全部，以及幾乎全部中間選民的支持，民調會是第一。加上藍、綠是死對頭，藍不會棄保給綠，綠也不會棄保給藍，所以郭、柯搭配參選，穩定當選。

郭台銘不管是代表國民黨參選，或是與柯文哲搭配，都要以正總統身分，否則會大打折扣，最多只能同意做一任，才不會有失郭董的高度，也不會辜負選民的

期望。最理想就是以無黨籍，並搭配閩南籍女性參選，當選機率雖然較低，但如能提出多數人民認可的〝政見白皮書〞，也可以彌補這方面的不足，當選率自然提高。如此便可以擺脫政黨包袱，專心做全民的總統而一展經營的長才，為中華民國的選舉史樹立典範，為後世所敬仰。至於郭台銘不參選，僅表達支持國民黨，其效果有限，他是忠貞的藍營，更不會支持其他候選人。

柯文哲想要以正總統身分當選，必須讓郭台銘不參選，並與藍營、綠營交好，至少不要得罪對他最有利，如此便會發生棄保效應。棄保效應的執行，雖然複雜，但仍然有跡可尋，在投票前應注意以下的民調變化：

A.如果綠營候選人的民調最高而有一定的差距，藍營選民必會棄保給白營柯文哲，因藍營寧願白營當選，也不願意看到綠營當選。

B.如果藍營候選人的民調最高而有一定的差距，綠營選民必會棄保給白營柯文哲，因綠營寧願白營當選，也不願意看到藍營當選。

C.如果白營柯文哲的民調最高而有一定的差距，則不會發生棄保現象，但這種現象並不會發生，因白營的民調不可能最高。

依此推論，在棄保效應順利為前提下，筆者可以預

見的說：

A.綠營的民調雖然是最高，也不可能當選，因藍營會棄保給白營，所以白營柯文哲會當選。儘管綠營擁有中央執政的資源，但綠營執政八年，國家停滯不前，人民生活困難，已失去民心，又有柯文哲瓜分年輕票源，對於綠營候選人確實不利。

B.藍營的民調儘管是最高，也不可能當選。因綠營會棄保給白營，所以白營柯文哲會當選。

簡單說，在棄保效應順利為前提下，綠營的當選率幾乎是○％；藍營的當選率也幾乎是○％；白營柯文哲則有近100％的勝選機率。只要郭台銘不出來競選，柯文哲在競選期間不要出大錯，又能提出符合全民需求的可行政見，他便是2024年總統選舉最有潛力的黑馬。唯一變數，即是棄保效應亂了套。

（三）、解決問題的結果：

《2024假如我是總統》

敬愛的主人們：大家好！（國語）、大家好！（閩南語）、大家好！（客語）、大家好！（原住民語）。

每當選舉季節來臨時，臺灣的天空總是灰灰，政客的嘴臉總是牽動百姓的神經，口水戰、畫大餅等的惡質

文化滿天飛，尤其是政黨惡鬥，更讓社會不得安寧。畫大餅誰不會，但必須在國家財政的許可下，以及不債留子孫，且方案可行性高，可以落實的，務實地提出政見，才是負責任的做法，否則僅是騙取選票而已。當然，不管是誰提出的政見或意見，只要是對人民有幫助，我都會採納並感謝。

自由民主是普世價值，沒有討價還價的餘地，但它必須建立在民主素養的基礎上，否則成為空談。孟子說：「**人之所以異於禽獸者，幾希？**」只差在人懂得做人道理的德性而已。天時、地利、人和，以人和為首，正所謂：「**家和萬事興，國泰千般順。**」所以，我不打口水戰，不畫大餅，也不回應無謂爭論，務實地提出我的政見，並以政見打動民心見輸贏，君子之爭本應坦蕩蕩。

國父孫中山先生，以人民是主人，政府是僕人的理念，創立中華民國。如果我有幸，能為大家服務，我將傳承國父的理念，為主人們打拼。我從政經驗非常豐富，政績與能力有目共睹，我將本著初衷，並秉持「**明知不可為而為之**」的儒家精神，奮力向前，為人民服務。我的團隊擔心，我堅持君子之爭，容易讓人民認為沒魄力，但我並不擔心，我們臺灣是一個有公道的地方，我們臺灣人樸實善良、明白是非、懂得感恩，任何是非曲直，難逃我的主人的法眼。因此，假如我是總統，首先我要

做的事，便是為你們平反冤屈，尤其是軍公教們，蔡英文總統砍你們的年金，是刀刀見骨，慘不忍睹，還讓你們背上軍人為米蟲、公教吃垮國家的財政等污名。這些污名需要洗刷，以還你們公道；陳水扁的保外就醫案，也需要重新檢討，以還社會正義。公道與正義，沒有討價還價的空間，不能妥協，縱然要如魯迅之「**橫眉冷對千夫指，俯首甘為孺子牛。**」我也在所不辭，因此我向我的主人承諾三點：(多利用閩南、客家、原住民等方言俚語舉例說明，以增加群族認同感與幽默風趣)

1.為小老百姓平反冤屈，建立公道正義的社會。

2.丟掉政黨包袱（無黨籍則為無政黨包袱），做好全民總統，廣納建言，唯才適用（安排在適合的地方）。

3.嚴禁後宮干政，杜絕後門。

假如我是總統，我將以素養、德性，以及人和為我的基本條件，而人格特質則是：

1.以大局為重。

2.無個人情緒。

3.智慧與遠見。

因個人的榮辱，比起人民的幸福，實微不足道，比起國家的命運，更微不足道。所以凡事要以大局為重，

不能有個人情緒，更要有智慧與遠見，才能解決國家的困境，尤其是目前兩岸的對立，已瀕臨戰火，進而帶領人民走向一條康莊大道。

假如我是總統，我應該做，也是最想做的九件事，才有可能建立一個和諧幸福的社會：

1.兩岸和平共存共榮：

一個國家領導人的職責，在於保衛國家人民的身家安全，這是目的，縱有再多理由，也不可違背。絕不能因為意識形態，或個人情緒的不爽，將人民推進火坑，這是不負責任更是不道德的做法。

俄烏戰爭，烏克蘭總統澤倫斯基，親率全國軍民反抗，大家都譴責俄羅斯總統普丁，讚揚澤倫斯基，讓他成為烏克蘭的偉人，世界的英雄。沒有人，也不會有人譴責澤倫斯基將國家、人民推入火坑，任戰火蹂躪。俄烏戰爭所以會發生，在於澤倫斯基不顧普丁的警告：「**只要烏克蘭加入北約組織，俄羅斯將不惜一切攻打烏克蘭。**」依然踏上紅線堅決加入北約，由此發生俄烏戰爭。

一件事情的發生，總有主因、次因，以及導線等許多因素的因緣際會。相對的，只要在其構成的環節中，失落一節，事情即被中斷而不會發生。因此這場戰爭本可以避免，卻因澤倫斯基可能誤判，或認為有美國做靠

山而有持無恐，然不管什麼理由，都不應該讓戰爭發生，只要澤倫斯基不要那麼堅持加入北約組織，普丁就沒有理由攻打烏克蘭，時機是可以等待，臺灣人要引以為戒。

臺灣人要安身立命、要幸福、要發展，唯有處理好兩岸關係。如何善用臺灣戰略位置，與中美三國鼎立，進而和平、共存、共榮，讓人民免於恐懼中，是我首要之任務。

2.產業升級發展經濟：

發展尖端科技如護國神山台積電、鴻海等，尤其是知識經濟，並將傳統產業升級，以提高人民所得，減輕人民生活的負擔，進而改善人民的生活，是我第二件想做的事。

3.幼有所養壯有所用：

臺灣乃至世界，基本上都碰到人口老化與出生率下降的問題，人口老化直接帶來：一是勞動力的不足；二是社會安全體系難以為繼；三是長期照顧工作的能量不足。會導致人口老化的原因雖然很多，如生活水準提高、醫學發達提高人類壽命等，但主要原因是出生率的下降，使得整體人口結構失衡，甚至衝擊到國防上的安全。

而出生率下降的原因雖然也很多，如職場對孕婦不友善、沒時間照顧小孩、享受兩人世界等，但主要原因

在於低薪養不起小孩、買不起房子給孩子一個家。為解決這個問題，從中央到地方，從總統到父母官，皆以補助生育津貼，有些候選人甚至畫大餅喊出讓國家來扶養，卻不知道龐大經費哪邊來，或要債留子孫。這不只是不負責任，且補助方式是治標而不治本，養個小孩豈是一個月幾千元的補助，就能發生效果。

因此，全力協助地方增建公辦〝幼兒幸福莊園〞，配合父母的上下班時間，24小時照顧幼兒。也就是說，在父母不方便的時間或小孩生病期間，可以將小孩留在幸福莊園內，由專業人員照顧。人力不足的部分，可透過招募義工並加以訓練來支應，臺灣有愛心的人很多，尤其邀請慈濟等參與。如此不只可以減輕年輕人的生活壓力，又可讓小孩有個美麗的童年生活，進而解決少子化問題。

以及要健全就業市場，改善學用落差，使人人有工作做是我該做的事；公家機關之取才，事務官來自於高普考體系；而政務官，我將以毛遂自薦，策論取士方式，公開徵才，讓每個人都有機會進政府機關，為民服務。

我沒有政黨包袱，所以不需要受一黨人才之限制與壓力，才不至於阿貓、阿狗都可以當部長（非專業沒有才幹的人），把全國人才束之高閣，實為可惜。

4.老有所用並有所依：

　　首先退休後的人，都是專業且經驗豐富的人士，我要成立國政或市政顧問團，徵召老人的智慧，從中央到地方的行政事務，進行全面革新，尤其是AI科技的應用，以提升行政效力，降低成本，改善國家財政，並讓老人對國家社會還有所貢獻。

　　再來照顧父母由國家為你分擔，以〝榮民之家〞為基礎，或建設〝老人幸福莊園〞的社會住宅，來安置老人的照養，讓年輕人專心打拼自己的前途，而沒有後顧之憂。在各縣市並成立〝老人幸福公車〞，每周在上班時段，輪流帶著老人遊山玩水，聽講故事；晚上或假日則與家人共享天倫，讓老人有著幸福的餘生，子女可盡孝又沒有太大壓力。

5.解決缺電穩定物價：

　　缺電問題，已成為國家的困境，電力供應不足，不只衝擊到人民的生活，更危害到產業的生存，經濟的發展。目前政府所推動的〝非核家園〞，不是不好，但沒有好好的評估，以及配套措施，就貿然實施或太過倉促，以致造成缺電問題，並造成國家的困境，就非常不好。所以，應該先確保臺灣不缺電前提下，才逐步停用核能發電，並盡速發展水利、風力、太陽能等綠能發電。同時全面更新老舊電路，裝接省電裝置等，一方面增加其

發電量，另方面減少浪費電能，以解決缺電危機。

　　以及凡與人民生活息息相關之水、電、瓦斯、糧食、石油，以及住房等民生物資，政府須有足夠的掌控權，尤其是透過稅賦手段，來穩定物價。

6.食品安心醫療健全：

　　古云：「民以食為天」、俗云：「榮辱事小，生死事大。」，人類日出而作，日入而息，一生庸庸碌碌所為何事，只不過〝生存〞二字而已。然生存最基本的需求，便是食品供給，而供給的食品必須安全無慮，方能確保生命無憂。

　　然而，臺灣對於違反食品安全的懲罰太輕，以致食安事件層出不窮。自1979年起迄今，相繼發生米糠油中毒、假酒、瘦肉精、四環素的肉品、塑化劑、黑心油（油品摻銅葉綠素、地溝油、飼料油、工業用油）等事件高達近200件，這些案件皆被證實，且多數由地檢署提起公訴，沒被證實者還不知凡幾。臺灣的食安幾乎每年都會發生，尤其是2014年一年中竟達19次之多，其中又以餿水油、回鍋油、飼料油混充食用油最為惡劣，危害生命也最大。

　　要解決食安問題，必須建立即時通報平臺，讓全民監督食品安全，隨時通報，才能嚇阻不法商人。且凡違

反食安法者，雖依情節輕重懲罰，但以重罰為原則，甚不惜吊銷執照，並依法追究責任。

以及以現有醫療體系為基礎，重新檢討其資源的分布與分配，務使人人都可得到最好的照顧。

7.身家安全隔離壞人：

保障人民的身家安全，是我的要務，工作重點則以治安、詐騙等，尤其是酒駕為首要任務。以及開闢數個離島區域，安置危害人民身家安全，或屢次犯法無法矯正的受刑人，依其輕重分別安置，並讓他們自食其力，讓善良的人得到安全保障，更合乎人性。

8.人文關懷均富社會：

臺灣以至世界，貧富懸殊越來越大，窮者越來越窮，賺錢越不容易，富者越來越富，賺錢越容易，這也是不公不義，以及產生仇富的現象，社會也容易發生動盪。因此，如何協助弱勢團體走出困境，並落實佛家所說的眾生平等，使老有所終，壯有所用，幼有所長，矜寡孤獨廢疾者，皆有所養的均富社會，是我的施政重點。

9.人民參政頭家做主：

民主政治乃以民意為依歸，故建立〝人民意見反映及民調平臺〞，讓人民直接參與國政管理，是落實民主

政治的表現。凡重大建設、爭議問題，以及預算等，皆可表達參與管理，或透過民調來決定，少數服從多數，人民也較能信服。也可以防止政治人物，以及名嘴等各說各話、無端批評、口水戰的惡質文化發生。該平臺，必須建立在可受公評的基礎上，方能讓人信服，大家也才願意遵守。

　　總的來說，打造一個舒適的環境、便捷的生活、關懷的家園、正義的社會、均富的國度，以及頭家做主的國家，是我一生從政的願望。而所有的措施最終目的，在於使老有所終，壯有所用，幼有所長，矜寡孤獨廢疾者，皆有所養，使臺灣成為各國模倣之典範。

（四）、檢驗結果可行性：

檢驗〝政見白皮書〞內容的可行性與衍生問題。

（五）、動機論是否良善：

　　思考一下！問題解決的方法與結果，符不符合法律與道德規範。

（六）、競選口號：

> 頭家交代我來做，
> 安康社會要選我；
> 走出困境唯有我！
> 決勝千里盡帷幄。

三、知人善任看頭家

　　臺灣是一個民主社會，政府所作所為皆以人民意志為依歸，也就是說〝人民〞出錢聘請政府人員來管理國政或市政，所以是〝頭家〞，政府領人民的薪資來作事，所以是〝傭人〞。民主社會最大的特色，就在於由人民當家作主，由人民來選擇決定，這是民主社會的風範，也是民主政治的真諦。只可惜，臺灣人民的民主素養普遍不足，以致產生總統或行政院長等高官視察地方時，人民下跪陳情的現象，真是本末倒置，從古至今，從東到西，你看過老闆向雇傭下跪拜託他們做事嗎？天下哪有這個道理，偏偏在臺灣就會發生。

　　根據《中時新聞網》於2010年8月1日的報導，雲林縣長蘇治芬因六輕工安事件，帶領民眾在行政院門口下跪請命，這一跪終於喚得吳院長（敦義）到六輕實地勘災，傾聽人民的心聲，並宣布爆炸廠停工，六輕附近鄉鎮居民健康檢查；竹南大埔農民，為了反抗苗栗縣政府強制徵收手段，到總統府前的凱道和監察院陳情抗議，這一跪馬英九總統在中常會表示，要將農地保留給農民，立刻得到縣長的道歉，吳敦義也親自召開記者會處理。

　　根據《獨家報導》於2022年5月26日的報導，六歲

馮小妹疑似接種疫苗後死亡，案件爆發之後引起各界廣大關注，雖然法務部法醫研究所對遺體進行了解剖，但究竟檢驗了哪些項目？對於家屬所提出的項目有沒有落實檢驗，家屬完全無從得知，甚至連解剖報告都不能審閱，真相難有大白的一天。馮媽媽以及前衛生署長楊志良、中華民國防疫學會理事長王任賢、新黨臺北市議員參選人郭榮先，也在5月4日的記者會上共同請求指揮中心指揮官陳時中，公開說明ACIP是否有失職之嫌？疫苗受害救濟審議SOP，是否出現嚴重瑕疵？對此陳時中部長當時回應：「要指控就要拿出證據，這個案子要審查起來是非常困難，楊志良和王任賢兩位以前應該也都參與過，任意這樣指責是不太好的。」聽到這樣的回應，家屬憤怒又心寒，想不到尋求女兒死亡的一個真相，竟比登天還難。……再次為馮媽媽以及馮小妹發聲，郭榮先甚至激動的雙膝跪地請求陳時中，能夠出面聽聽他們的訴求……等不勝枚舉。

　　臺灣不只人民的民主素養普遍不足，連政府高官也是如此。人民的民主素養不足，乃因人民眾多且素質參差不齊，還情有可原；政府高官都是高級知識分子，國家的菁英，怎會民主素養不足呢？唯一的解釋，就是這些高官打從心裡不認為人民是頭家，而高高在上，這違反民主社會的真諦。人民要自問，為什麼會選這種傭人騎在我們的頭上。

政府官員遇到人民下跪陳情，豈可由隨扈加以隔離或扶起，這是對頭家的不尊重。自己彎腰扶起，是對頭家的不禮貌。理應對應於人民的動作，陳情人民鞠躬，也要跟著鞠躬，下跪也要跟著下跪，這才是尊重頭家，打從心裡有人民，更是民主素養的表現。如果為了安全起見，可由隨扈先加以確認，再近身接觸。

民主社會，人民對政府所作所為不滿意時，理應以頭家的口吻，質問政府官員，為了彼此尊重，口氣可溫和一點，政府官員必須虛心接受，進而改善，這才是正常的民主社會，也才是民主社會應有的素養。

帝制時期，人民幸福決定於皇帝一人，所以皇帝必須懂得知人善任，選賢與能的人，國家才會興盛。同理，民主時期，人民是〝主人〞，政府是〝僕人〞，所以人民也必須懂得知人善任，選賢與能的政府，國家也才會興盛。如何知人善任選賢與能呢？

1.選民觀念要正確：

選民如何觀念正確？

A.只要是人，就會有缺點；只要是事，就會有漏洞。
人事太完美，上帝會忌妒，所以才會有「英年早逝、紅顏薄命」，只要不違背或影響目的即可。如女人結婚的目的，乃為了要有個美滿幸福的人生，所以嫁丈夫要選

一個疼妳、寵妳的人，而不是選一個聖人。

B.**選僕人的目的，乃為了要他幫我們做事，讓我們生活得更好。**所以要理性選品德、專業為主的人，不能因感性而有同情票。如前述洪仲丘服兵役因遭軍中不當對待而致死，他姐姐洪慈庸，以這個事件為訴求，而成為第9屆立法委員，立法委員所審議的法案，牽涉到全民福祉，何其專業。

C.**不要認為，你的一票無足輕重。**只要有部分的人這麼想，整個選局就有可能改變，尤其是大家都這麼想時，那更可怕，影響所及，不會沒有你，也不會沒有你的子孫，所以要理性慎重。如在2014年之前，烏克蘭由親俄派的亞努科維奇總統執政，與俄羅斯維持良好的關係，彼此相安無事。然在2013年11月開始的〝烏克蘭親歐盟示威運動〞，使得衝突迅速升高，隔年

亞努科維奇先生
圖片來源：《維基百科》

即發生〝烏克蘭革命〞，亞努科維奇政府倒臺，由親西方派當選主導烏克蘭政權，也引起隸屬烏克蘭之克里米亞地區的危機，該地區被併入俄羅斯，於是烏克蘭將加入北約組織作為優先任務。如果，當時沒有那一場〝親歐盟示威運動〞，也許就沒有今日的俄烏戰爭。

2.民能明辨是非：

選民如何明辨是非？

A.**消息的來源要正確**：消息來源，尤其是網路資料，真真假假難於分辨，一定要求證確認過。才不會重蹈1998年吳敦義角逐競選連任高雄市長時，因當時民進黨籍市議員陳春生，以一捲疑似吳敦義與某媒體女記者間曖昧對話的電話錄音帶，被誣指其與該名女記者有婚外情，後來該錄音帶經調查局送美國檢定，皆被證實為偽造，但傷害已造成，以4565票之差敗給民進黨謝長廷。

B.**了解候選人的背景**：孟子曰：「頌其詩，讀其書，不知其人可乎？是以論其世也。」意即：吟詠他們作的詩，讀他們著的書，不知道他們的為人行嗎？因此要研究他們所處的時代啊！如此才能掌握作品的精隨。同理，要知人善任，首先要了解候選人的本質，才能掌握其品行，進而

孟子
圖片來源：《維基百科》

選賢與能，選出一個適合的人為我們做事。

C.**認識候選人的思想**：英・法蘭西斯・培根（Francis Bacon, 1st Viscount St Alban ，1561年－1626年）在《培根隨筆・習慣論和教育》中說：「思想決定行為，

行為決定習慣，習慣決定性格，性格決定命運。」

　　可見，一個人的行為，來自於他的想法，從他的想法便可知他的為人。是政治家或是政客，一目了然。故我們絕不選一個只會批評前朝，打口水戰等惡質文化的候選人。

培根
圖片來源：《維基百

　　D.眼見不一定真實：我們總喜歡從表面看待事情，更相信自己所見所聞，而一味認定是事實的真相，不肯深入了解事情的原由，於是誤會、爭議不斷地發生，鬧得社會不得安寧。親眼所見就一定是真實嗎？如我曾在一次的返鄉潮，高速公路休息站擠滿人車，停車格自是一位難求，僅剩一個勉強能停進去如圖一，人卻很難出來的位子如圖二。

　　我去洗手間、買飲料回來，右邊車已離去，留下一個空位，卻聽到左邊車主及他家人大罵我自私沒公德心，右邊空位那麼大，不停過去一點，害他們很難上車如圖三。我心想！如果你們懂得哲學思考，思考一下就會了解真實，縱我再怎麼自私沒公德心，也不至於為難自己吧！如果可以停過去，我為什不停過去，我也很難進出啊！如圖

四。可見，我們親眼所見的事情，也不一定是真實，但我們卻固執於親眼所見。

3.適合主政的領域：

　　行為的發生，來自於思想的主導，並受當時環境的制約；思想的形成，雖錯綜複雜，但主要來自於環境的教育，並受性格的制約。該教育包含：家庭、學校、社會，以及自然界等環境教育。因此，探討候選人所受教育的領域，大致上即可預知誰較適合來主政。以目前學

術領域分類，大致如下表：

學術領域	內　　　容
形式科學	數學、統計學、計算機科學、系統科學等
自然科學	物理學、化學、生物學、地球科學、太空科學等
社會科學	人類考古學、人文地理學、經濟學、管理學、法律學、政治學、心理學、社會學、教育學等
人文學科	藝術學、文學、哲學、歷史學、語言學等
應用科學	工程學、醫學、健康科學、建築學等

　　A.形式科學人：形式科學主要研究對象為抽象形態的科學，如邏輯、數學、計算理論、資訊理論等學科。所以，形式科學人的特質為：理性、思想開放、邏輯觀念強、分析能力高等。

　　B.自然科學人：自然科學主要研究大自然中有機或無機的事物和現象的科學，如天文學、物理學、化學、地球科學、生物學等學科。所以，自然科學人的特質為：理性、好奇心強、思想開放、邏輯能力好等。

　　C.社會科學人：社會科學主要研究是應用科學的方法，研究人類社會的種種現象，如經濟學、管理學、法

律學、政治學、心理學、社會學、教育學等學科。所以，社會科學人的特質為：理性、洞察敏銳、思考縝密、判斷精確、邏輯能力好等。

D.人文學科人：人文學科主要研究是以觀察、分析及理性批判來探討人類情感、道德和理智各門學科的總稱，如藝術學、文學、哲學、歷史學、語言學等。所以，人文學科人的特質為：理性與感性兼具、有反省能力、重視人的文化、胸襟開闊、具備同理心、溝通能力好等。

E.應用科學人：應用科學主要研究是將自然科學（基礎理論、抽象原理）的知識，轉化為實際應用（解決具體生活問題）的科學，如工程學、醫學、健康科學、建築學等。所以，應用科學人的特質為：理性務實、跨領域整合、思想開放、系統邏輯強、分析能力好等。

其中，當以人文學科人之理性與感性兼具、有反省能力、重視人的文化、胸襟開闊、具備同理心、溝通能力好等特質，最適合主政，擔任中央或地方的首長，尤其是中國文學（或稱國學、漢學等）領域的人，理性中帶著感性的溫柔。

一個國家或一個城市的發展，首要在於社會的和諧，而社會和諧，必須善於溝通，溝通要順利，需要同理心，而同理心來自於開闊的胸襟，才能接受不同的意見。一個重視人的品德、情感等文化的人，才有可能真

正把人民當〝頭家〞對待；一個有反省能力的人，社會才會進步。其次才是邏輯觀念、分析能力、專業能力等，但這些能力可由其團隊成員補足。

中國文學領域的人，所受的教育，以儒家思想為主，以格物、致知、誠意、正心、修身、齊家、治國、平天下等八項為學工夫為核心。除個人因素不說，大致上來講，應比其它領域的人，更適合主政。

四、君子之爭坦蕩蕩

　　君子一詞，在周朝以前，為貴族之統稱；在春秋戰國時，則變成士大夫之統稱，也就是為官之人稱君子，平民稱小人。然而，儒家認為君子應是〝聖人之下，富有禮義規範的人〞，也就是說，具有高尚道德標準的人。君子是儒家倡導人們塑造自己人格理想的對象，人生的終極目標，是儒家思想中一個很重要的概念。

古代尊師-孔子畫像
圖片來源:《維基百科》

　　何為〝君子〞？《孟子·告子上》說：「魚，我所欲也；熊掌，亦我所欲也；二者不可得兼，舍魚而取熊掌者也。生，亦我所欲也；義，亦我所欲也；二者不可得兼，舍生而取義者也。」

　　孔子也說：「君子有所為，有所不為，小人亦有所為，亦有所不為。然君子之所為者，乃天降之大任也，小人之所為者，唯己利是圖耳。」

　　簡單的說，所謂的〝君子〞，是一個能為國家，為

人民而捨生取義；也是一個明是非、懂輕重的知道什麼該為，什麼不該為，小人也一樣，然而君子所為的是天降的大責任，而小人所為是追逐、貪圖小利，就是唯利是圖等，這便是儒家認為君子應有的品格，也就是政治家的意思。

因此，一個名符其實的民主政治，其理想的選舉，便是君子之爭坦蕩蕩，彼此口不出惡言、不打口水戰、不會抹黑造謠等惡質文化，所展現的就是君子的風範。

總的來說，臺灣選舉之理想戰略，應是一個成熟的民主社會，選民與候選人都具有一定的民主素養，以八仙過海之姿，各憑本事，不管是中央選舉，或是地方選舉，皆以提出政見白皮書，如何繁榮社會？如何帶給人民幸福為主軸？以取得人民的認同，並加以支持。

撰寫政見白皮書之前，應先分析選民素質及其選舉環境，再撰寫政見內容。該內容，應著重於解決選民的困擾，滿足選民的需求為主要訴求，進而才提出國/市政願景。人民最關心的，永遠是生活上的困擾及需求，進而才會有國家、城市的願景。所提的願景，要具體可行，不是畫大餅。

解決問題要遵循五部曲，以展現解決問題的能力。一為目的論→思考一下！我的目的是什麼；二為用什麼方法？可以達到目的；三為應用該方法所得的結果，會

不會衍生後遺症，如果產生可不可以接受；四為實證論→思考一下！問題解決的結果，以我們的經驗值，或驗證一下他的可行性，以及所衍生的後遺症；五為動機論→思考一下！問題解決的方法，符不符合法律與道德規範。

人民是〝頭家〞，頭家要有頭家的樣子，要正其名不可本末倒置；選擇〝傭人〞來做事，要懂得知人善任，而知人善任首要為正確觀念明是非，要選一個會做事的人，而不是選一個〝聖人〞來為我們服務；明辨是非首要先了解這個人的生平背景，再分析這件事的來龍去脈，自然有跡可循，而後理性判斷，便不會被蒙蔽。

接著便是一場候選人的君子之爭坦蕩蕩，彼此口不出惡言、不打口水戰、不會抹黑造謠等惡質文化，所展現的盡是君子的風範。而人民想要看的，是一場政治家的公平公正的競賽。

陸、結論

　　總的來說，中華民國臺灣省的地方選舉，始於民國 35（1946）年，以至今日；而中央選舉則始於民國 36（1947）年，以至今日。並可從民國 76（1987）年 7 月 15 日解除《臺灣省戒嚴令》，而分為兩階段。前一階段的選舉，雖具一定的民主形式，然實質運作過程卻是弊端連連，最常見者有：賄選椿腳、行政作票、違法介入、非競爭性選舉，以及選舉監察制度等五大缺失。

　　後一階段的選舉，隨著時間的遷移，已逐漸成熟。究其原因可能有二：一為解除戒嚴，落實了民主政治；二為選民的民主素養提升，尤其是 2000 年的首次政黨輪替，促使民主政治慢慢回歸正軌，以致前一階段的弊端，也逐漸消失，但繼之而起的缺失，便是朱高正所說的〝政治是高明的騙術〞。

　　政治是高明的騙術，對於一個民主素養成熟的國度，尤其擅於明辨是非的人民，其作用有限，最終也會銷聲匿跡，因騙不到選票。然對於一個缺乏民主素養的國度，尤其感性大過於理性的人民，其作用便非常之大，也會越來越興盛，因騙得到選票，大家爭先模仿。臺灣雖號稱是世界最民主國家之一，然其人民的民主素養卻普遍不足，以至今日的選舉，政治是高明的騙術依然暢行無阻。前者的弊端，是違法的行為；而後者之缺失，雖不違法，卻是失德的行為。

〝舞臺〞是人類展現自我的地方，每個人都需要，尤其是政治人物。以政治活動為專業，缺乏政治理想，但求個人利益，不擇手段的政治人物，謂之〝政客〞；以政治活動為專業，有政治理想，公益大於私利，並堅守職業道德的政治人物，謂之〝政治家〞。政客為勝選而不擇手段，以致選舉的惡質文化，琳瑯滿目，最常見的有：威逼利誘、抹黑造謠、利用情感、製造對立、漫批口水，以及行政手段等六種。其中，掌權者應用行政手段，在目前資訊透明下的臺灣，以及在野黨與人民的強力監督下，幾乎消聲匿跡，媒體是功不可沒。

　　惡質文化之所以會存在，乃因政治人物迎合選民的愛好，自然就有選票，不迎合就沒有選票，這是政治人物的舞臺，不得不為，所以不能怪政治人物。當然，有些政治人物有原則，絕不迎合選民的愛好，拒絕惡質文化的存在，縱落選也在所不辭，這便是〝政治家〞的風範。只可惜，臺灣的政治家寥寥無幾，政客卻是一大推。

　　由於臺灣選舉之民主素養，不管是選民或是候選人，皆普遍不足。要改善臺灣這種惡質文化的存在，有兩種方法：其一為臺灣選民民主素養的提升，能客觀理性的判斷，用選票拒絕惡質文化的產生，明天才會更好；其二為候選人民主素養的提升，不以惡質文化取勝，縱落選也要留下民主風範，過些時日，人民自然會敬仰。當然，如果選民與候選人，同時雙雙提升民主素養，自

然事半功倍，早日還臺灣一個安靜又乾淨的選舉環境，臺灣才是名符其實的民主社會，是臺灣人民之福也。

　　根據《厚非學》的理論，現在的候選人只要有人能溫和理性問政，以如何帶領人民走向幸福的政見為主軸，不帶任何惡質文化，一定可以得到選民的共鳴，進而支持該候選人。縱然落選，也是時機未到，只要再接再厲，選民自然會比較。一個溫和理性問政的政治家，一個畫大餅滿嘴口水的政客，選民會支持誰？可想而知，進而蔚然成風。目前因沒有政治人物率先站出來，溫和理性的問政以做為表率，選民沒得比較，才會導致惡質文化依舊盛行。

　　臺灣選舉之理想戰略，應是一個成熟的民主社會，選民與候選人都具有一定的民主素養，以八仙過海之姿，各憑本事，不管是中央選舉，或是地方選舉，皆以提出政見白皮書，如何繁榮社會？如何帶給人民幸福為主軸？以取得人民的認同，並加以支持。

　　撰寫政見白皮書之前，應先分析選民素質及其選舉環境，再撰寫政見內容。該內容，應著重於解決選民的困擾，滿足選民的需求為主要訴求，進而才提出國/市政願景。人民最關心的，永遠是生活上的困擾及需求，進而才會有國家、城市的願景。所提的願景，要具體可行，不是畫大餅。

　　解決問題要遵循五部曲，以展現解決問題的能力。一為目的論→思考一下！我的目的是什麼？二為用什麼方法？可以達到目的；三為應用該方法所得的結果，會不會衍生後遺症，如果產生可不可以接受；四為實證論→思考一下！問題解決的結果，以我們的經驗值，驗證一下他的可行性，以及所衍生的後遺症；五為動機論→思考一下！問題解決的方法，符不符合法律與道德規範。

　　人民是〝頭家〞，頭家要有頭家的樣子，要正其名不可本末倒置；選擇〝傭人〞來做事，要懂得知人善任，而知人善任首要為正確觀念明是非，要選一個會做事的人，而不是選一個〝聖人〞來為我們服務；明辨是非首要先了解這個人的生平背景，再分析這件事的來龍去脈，自然有跡可循，而後理性判斷，便不會被蒙蔽。

　　接著便是一場候選人的君子之爭坦蕩蕩，彼此口不出惡言、不打口水戰、不會抹黑造謠等惡質文化，所展現的盡是君子的風範，而人民想要看的，是一場政治家公平公正的競爭，而不是政客的嘴臉。理性溫和的問政，知人善任的選賢與能，國家欣欣向榮，社會和諧安定，這便是人民之福！也是筆者所盼。

國家圖書館出版品預行編目（CIP）資料

臺灣選戰 / 蔡輝振　著－初版－
臺中市：天空數位圖書　2022.09
面：17 公分 X 23 公分
ISBN：978-626-7161-52-4（平裝）
1.臺灣　2.選戰　3.中央選舉　4.地方選舉　5.棄保效應
573.3　　　　　　　　　　　　　　111015776

書　　　名：臺灣選戰
發 行 人：蔡輝振
出 版 者：天空數位圖書有限公司
作　　　者：蔡輝振
版面編輯：採編組
美工設計：設計組
出版日期：2022年09月（初版）
銀行名稱：合作金庫銀行南臺中分行
銀行帳戶：天空數位圖書有限公司
銀行帳號：006-1070717811498
郵政帳戶：天空數位圖書有限公司
劃撥帳號：22670142
定　　　價：新臺幣480元整
電子書發明專利第　I　306564　號

天空家族 Family Sky
Conglomerate

服務項目：個人著作、學位論文、學報期刊等出版印刷及DVD製作
影片拍攝、網站建置與代管、系統資料庫設計、個人企業形象包裝與行銷
影音教學與技能檢定系統建置、多媒體設計、電子書製作及客製化等
TEL　　：(04)22623893　　　　MOB：0900602919
FAX　　：(04)22623863
E-mail：familysky@familysky.com.tw
Https://www.familysky.com.tw/
地　址：台中市南區忠明南路 787 號 30 樓國王大樓
No.787-30, Zhongming S. Rd., South District, Taichung City 402, Taiwan (R.O.C.)